編むのがたのしい、ニット　サイチカ

文化出版局

手仕事は楽しい。

手は思う。
手は考える。
手は行動する。

父は町工場を営んでいて、
工場は幼少の私の遊び場だった。
大人のまねをして工具を使って
身の回りの機械を分解したり復元したりしてよく遊んだものです。

自分の思い描くものが形になったときの達成感と喜び、
失敗したりやり直したり苦しいこともあるけれど、
あれやこれやの試行錯誤、
集中していた時間とその道のりが手仕事の楽しさ！なんだと思う。

そして編みものならではの楽しさは、
自転車をこぐのに似ていると思う。
技術を習得してしまえば自転車は体の一部になって、
こぐぞ！右足、こげよ！左足！としなくても
無意識でこいでいる。
ぐんぐん思いどおりに道を進み、こいでこいで……
ときには休んだり、来た道を戻ったり、
ときには鼻歌まじり、ときに長い上り坂の試練。
……編んで編んで完成したときの爽快感。
ね、自転車乗りと似てませんか？

この本でもたくさんの楽しいセーターが満載です。
手に取ってくださったかたも一緒に楽しんで
また、ここから自由に
それぞれのセーターに広がっていってくれたらうれしいかぎりです。

　　　　　　　　　　　　　サイチカ

Contents

- P.4　荒波と生命の樹のアランカーディガン
- P.6　荒波アランの帽子
- P.8　メリヤス編み好きの目立てのセーター
- P.10　アーガイルのセーターと少女のベスト
- P.12　編みながらスモッキングするセーター
- P.14　永遠のギンガムチェックのセーター
- P.16　哲学者のセーター
- P.18　かかとセーターと靴下
- P.20　フェアアイルのカーディガンと帽子、指なしミトン
- P.22　フェアアイルのベストと帽子
- P.24　ガンジーのtablier
- P.26　苺のストール
- P.28　リブリブベスト
- P.29　スカラップエッジのセーター
- P.30　ワッフル編みのジャケットとマフラー
- P.32　こぶたくんのセーター
- P.34　ガーター編みの富士山セーターとシュークリーム帽子
- P.36　大地のセーター

- P.38　編み方のポイント
- P.41　How to Knitting
- P.88　基本のテクニック
- P.95　この本で使用した糸

荒波と生命の樹のアランカーディガン

アイルランドのアラン諸島で生まれた
フィッシャーマンズセーターは、
厳しい自然とそこで生きる人々がつくり出した
美しい立体的な編み目が特徴です。
生命の樹と名づけられたモチーフにひかれてそれに
大好きな海をイメージさせるアランを
編んでみたいと思いました。
荒波の水平線のような裾リブから編み始めて、
次々にモチーフをつなげて樹を育てるように
編み進める楽しさがあります。

P.4はメンズサイズのルーズフィットな
ハイネックのカーディガン。
女性が着ても、ゆったりしたシルエットがかわいいです。
P.5はショート丈の軽快な分量のレディスサイズ。
寒い日は、手の甲まで包んでくれる袖丈です。
使用糸・2点ともブリティッシュエロイカ　→P.80,82

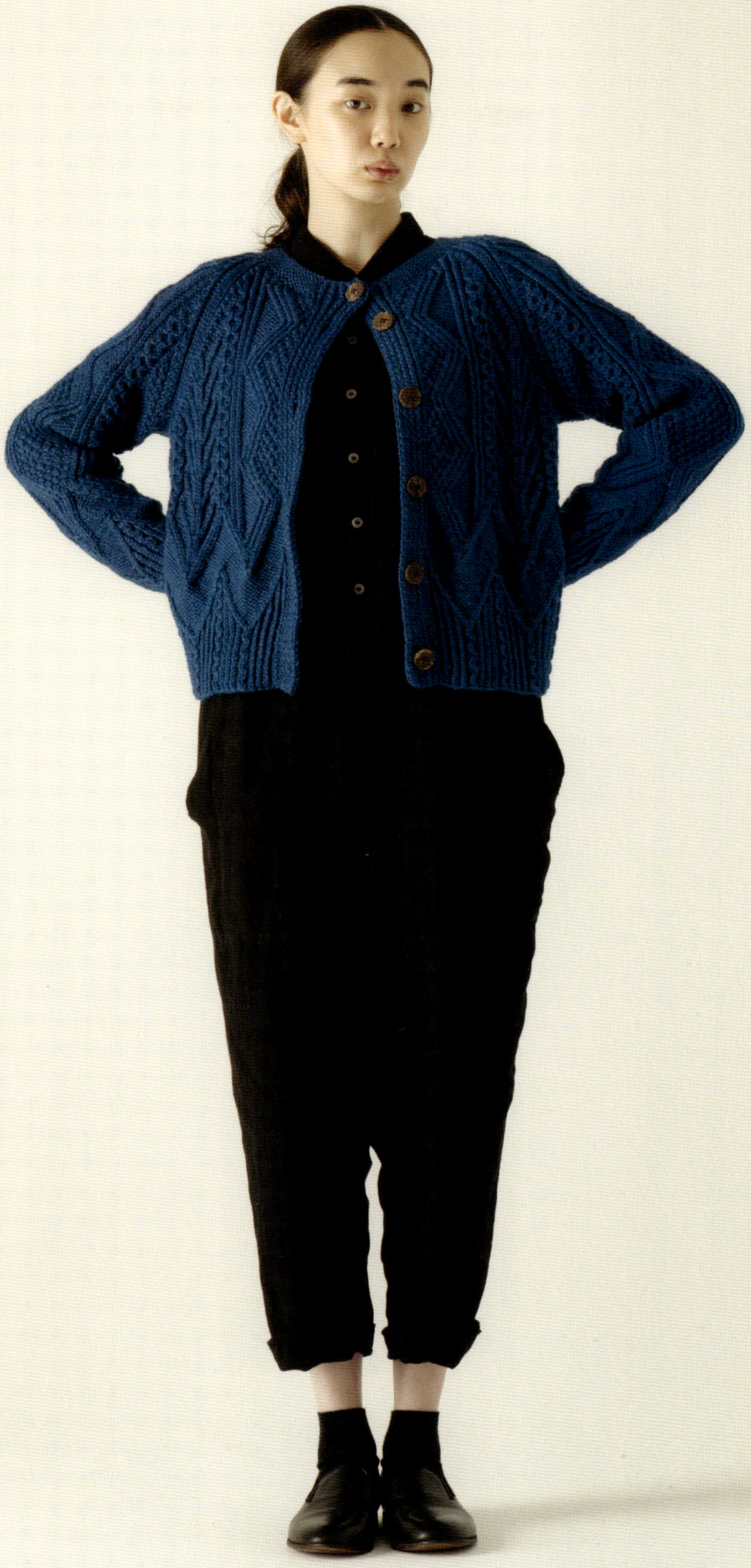

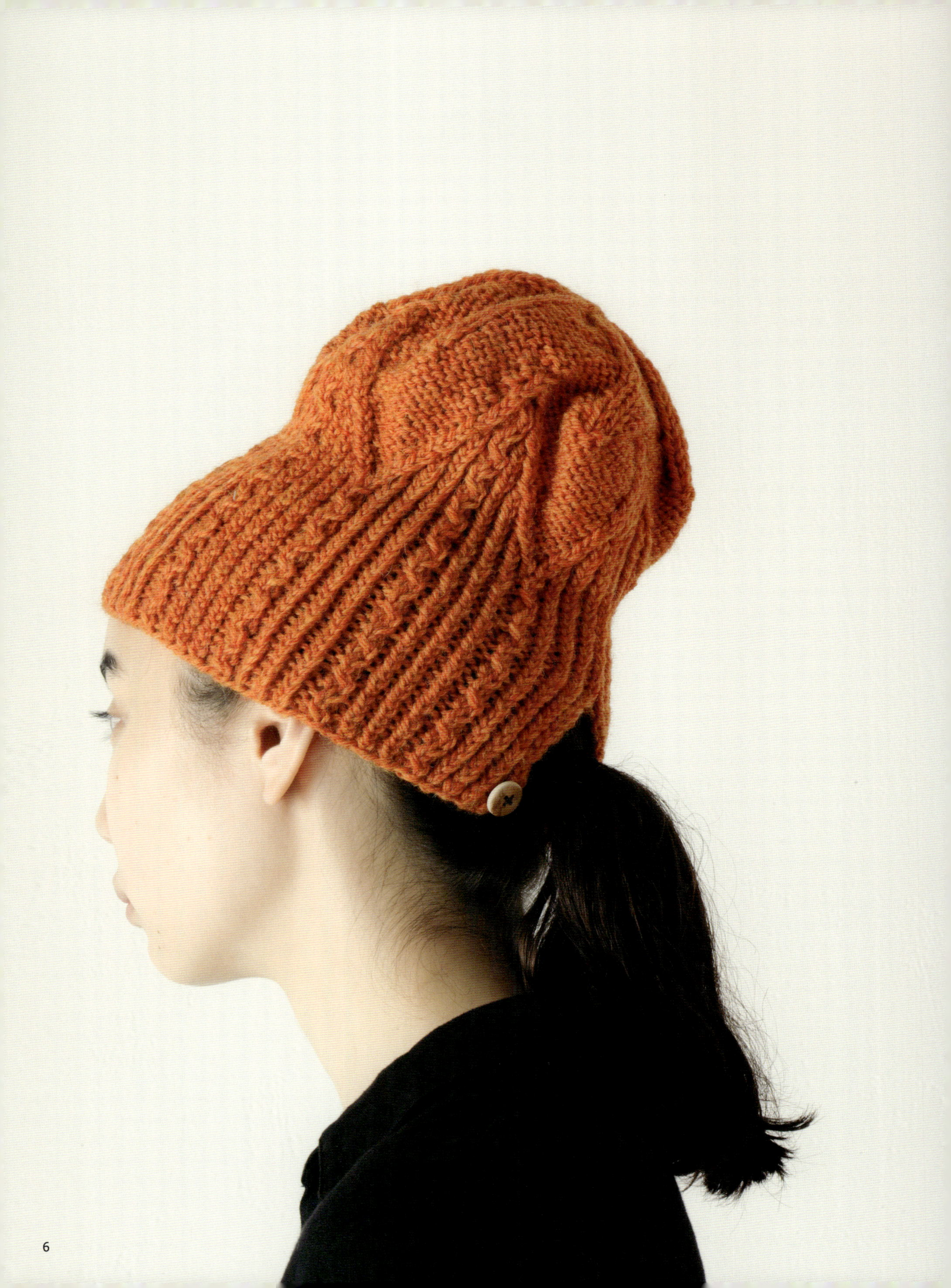

荒波アランの帽子

アランカーディガンの裾に編み込んだ
荒波模様のリブをそのまま帽子にしました。
綿の種が弾けたような、
ふんわりとかわいい形は、真上から見ると
減し目がぴたりと合ってきれいな星形になります。

p.6 はスリットを入れて
ポニーテールにぴったりな仕様になりました。
p.7 はスリットなしのデザイン。
ボタンあきにしたり、リブを短くして浅めにしたり、
アレンジいろいろです。
使用糸・2点ともブリティッシュエロイカ → p.88

メリヤス編み好きの目立てのセーター

メリヤス編みの
シンプルな編み地は美しいですね。
増減目を規則的に編むことで見えてくる軌跡は
静かで幾何学的な、
そして数学的なグラフィックな表情の
セーターになりました。

身頃の前と後ろとでは、
増減目の間隔を変えています。
増減目の間隔が狭いと裾のV字ラインが鋭角になります。
使用糸・クイーンアニー → P.44

9

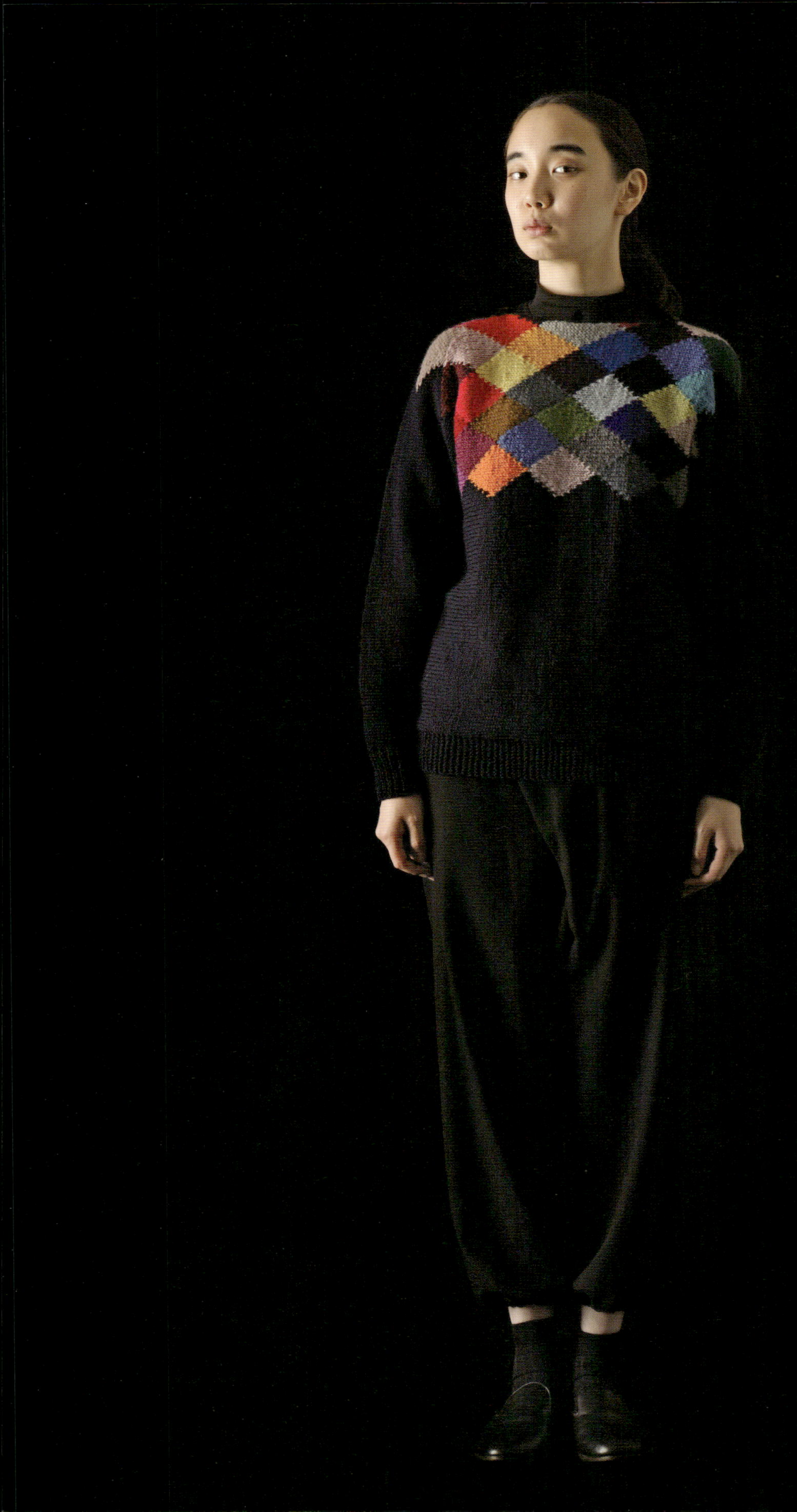

アーガイルのセーターと少女のベスト

次々にいろいろな色を編み込んでいくのは
スリリングでもありますが、
選んだ色の調和がとれてぴたりとおさまると
なんとも楽しい気分になります。
たくさんの色を編み込むコツは、
リズミカルに見えるように
音色に気をつけることでしょうか。
そして時々不協和音なども忍ばせておくと
ぐっと魅力も増すはずです。
好きな音楽をかけ、好きな音色を色に置き換えて
思い巡らせると、
きっとイメージがわきやすいと思います。

スコットランドの伝統的な柄、アーガイルで
たくさんの色を編み込んだトラッドなセーター。
少女のベストは袖口に三角の縁編みをつけています。
ベースの色を含めて28色の色づかい。
使用糸・シェットランド →P.46

編みながらスモッキングするセーター
ゴム編みの目を束ねるように編むことで
スモッキング刺繍をしたかのような
編み地になります。

編み図で見ると難しく思われるかもしれませんが、
実は編み方は案外簡単。
まっすぐに編み出した身頃と袖を
丸ヨークのようにつないで
ぐるぐると輪編みで編んでいきます。
丸ヨークは針の号数も替えながら同じ技法を
繰り返して編み進めます。
平らに置くとまっすぐなラインのヨークも
着るとフィットしてなで肩のきれいなシルエット、
ニットならではのデザインです。
使用糸・シェットランド →P.41

13

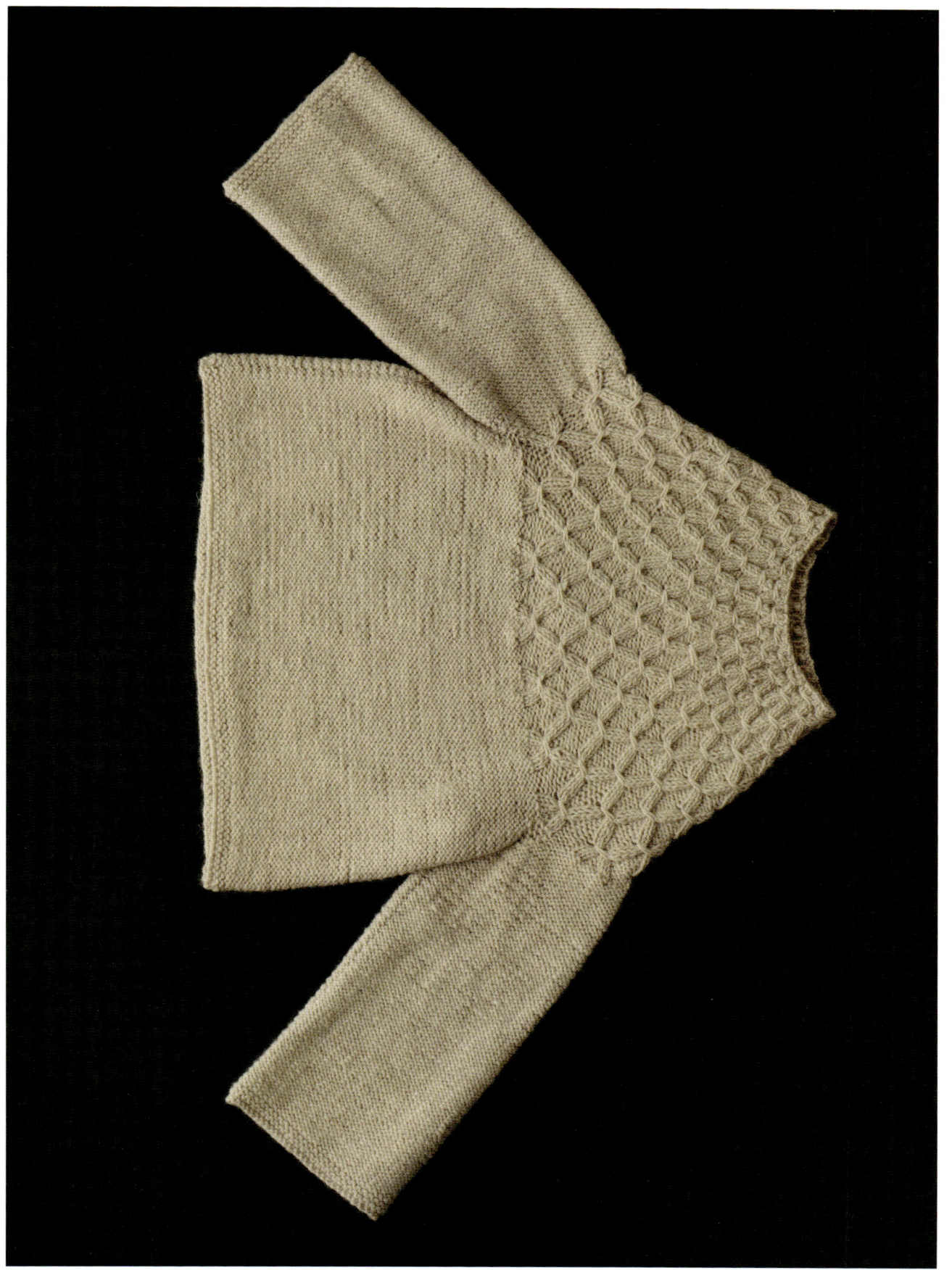

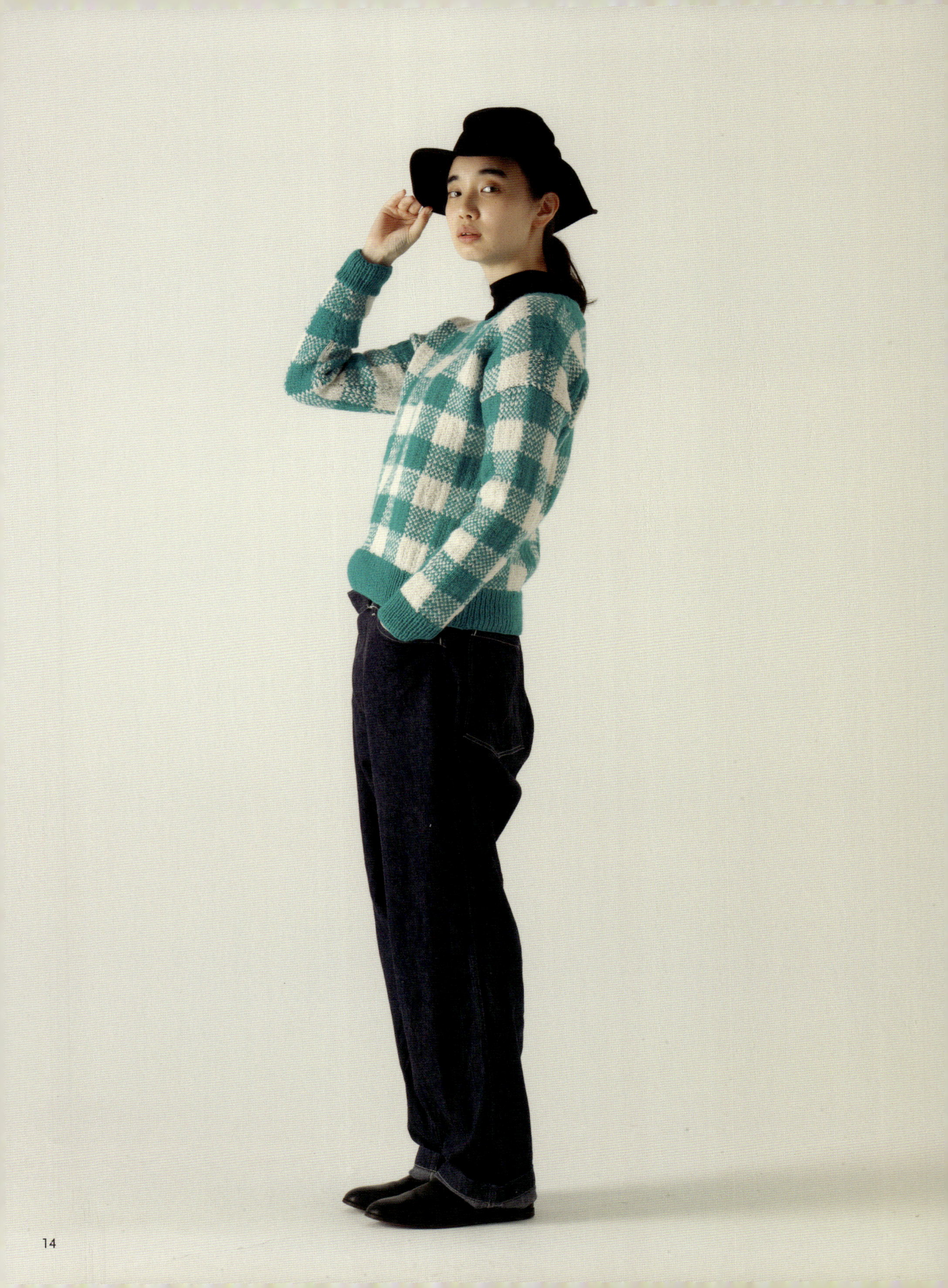

永遠のギンガムチェックのセーター
大人になった今も変わらず好きなこの柄で、
セーターが欲しいと思いました。
大きな格子模様が編み現われる度にわくわく、完成が待ち遠しくなります。

これは、並太の糸を裏側で編みくるむ技法で、サッカー生地のような表情のテキスタイル。
地厚に仕上げたジャケットのような暖かさのセーターです。
大好きなセーターはアウターで着られるとさらにうれしい。
使用糸・シェットランド →P.50

16

哲学者のセーター

黒の服が好きです。
手編みの本では作品写真の編み目が
黒くつぶれてしまうこともあって
真っ黒の無地のセーターを載せることはまずないのですが、
ずっと黒のセーターを編みたいと思っていました。
黒に包まれるような静かでちょっとエキセントリックな
セーターが欲しいなと思いました。

大きなゆとりのある身頃、
立体的にふくらませた着物のような袖もなかなかいいのです。
黙々と黒を編むのは瞑想する哲学者のように
静かな楽しいひとときになりますように。
メリヤス編みの目立てのセーター、
黒だから断然カッコいい。
使用糸・クイーンアニー →P.52

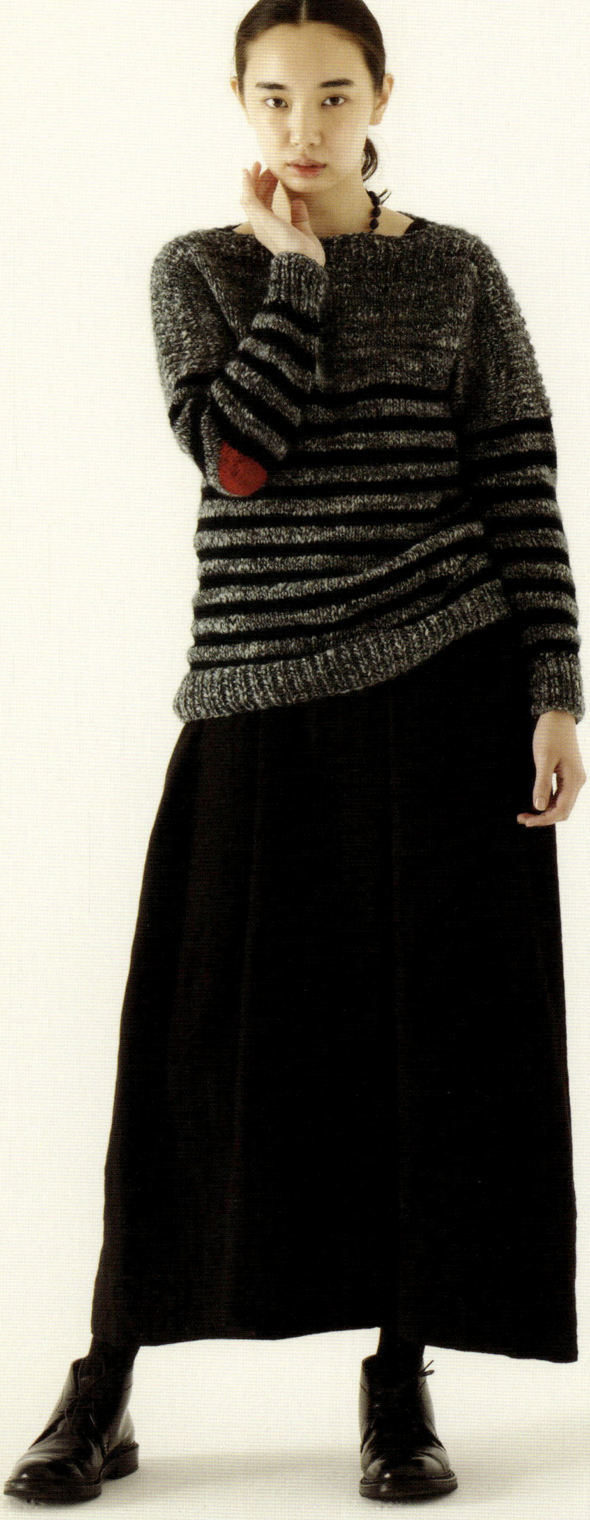

かかとセーターと靴下
立体的な靴下のかかと編みのテクニック、
糸を赤に替えて、目立つところにグレードアップです。
靴下とおそろいのボーダーセーターのひじにかかとをつけたら
ちょっとおしゃべりだけれど、クールなセーターになりました。

"ラップアンドターン"という
主に靴下のかかとに使われるテクニック。
マスターするといろいろな使い方で楽しめそうです。
使用糸・アルベロ、ミニスポーツ →P.54

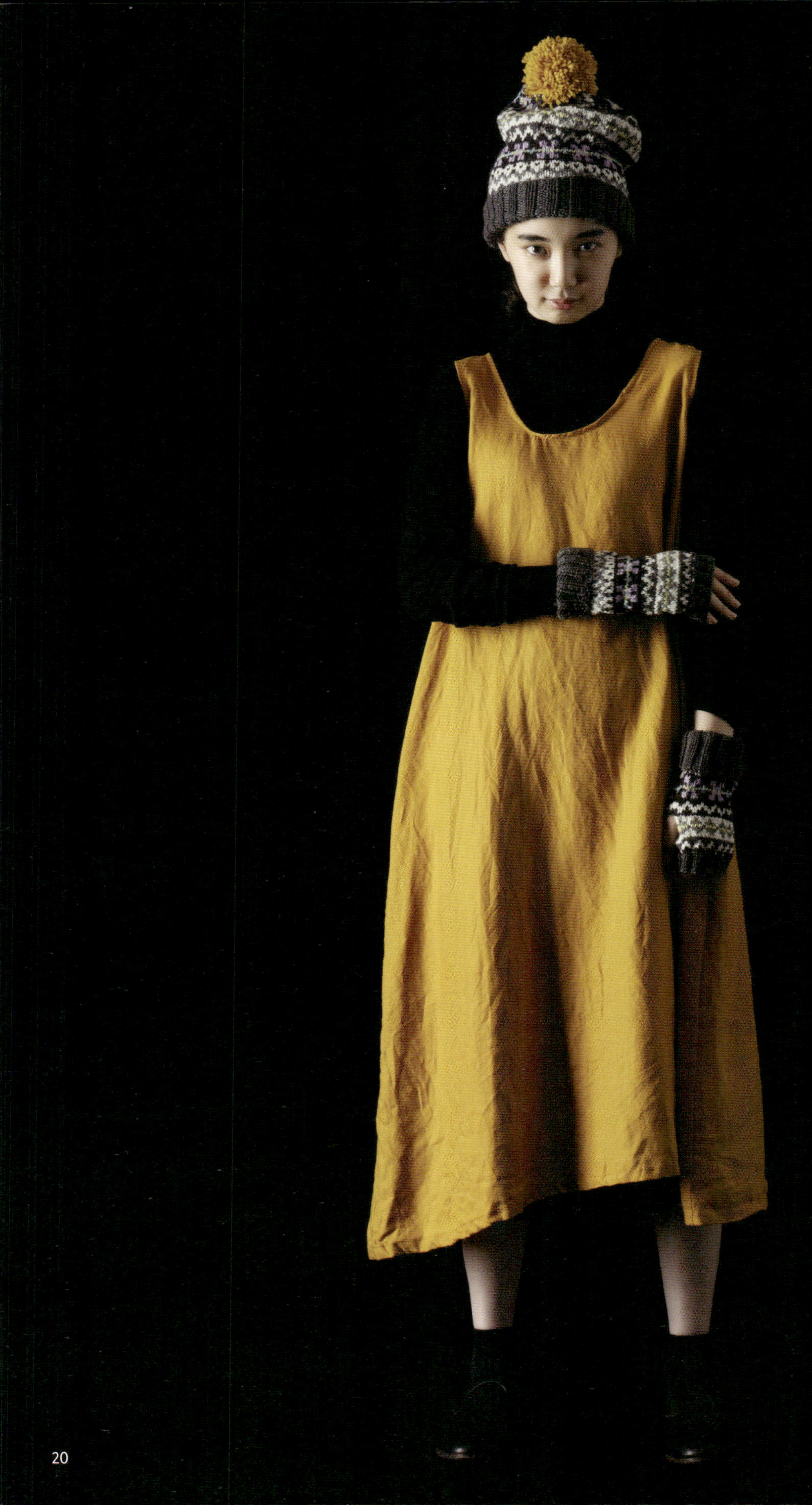

フェアアイルのカーディガンと帽子、指なしミトン

その土地の暮しや風土から生まれた
伝統模様だからこそ
私も身近な暮しの中の風景を
フェアアイルにして編み込みたいと思いました。

幾重にも走る東京の地下鉄、
おびただしい車の流れ、行きかう人々の雑踏、
胸もとに編み込んだレモンイエローは、
ふと浮かんだ梶井基次郎氏の
『檸檬』からインスパイア。
同じパターンで、帽子と指なしミトンも。
使用糸・クイーンアニー →P.56

フェアアイルのベストと帽子

色の組合せでがらりと表情が変わるのも
フェアアイルという編込み模様の
おもしろいところです。
グリーンをベースにしたパターンは、
生き生きと輝く森のイメージ。

ベストはタータンチェックのように、
トラディショナルで洗練された配色になりました。
後ろ身頃には、
森の木々をイメージさせる編込み模様を。
帽子は耳まで隠れる深い形、
ゴム編み部分を内側に折り込んでもすてき。
使用糸・クイーンアニー →P.58

23

ガンジーの tablier

海の男の作業着だったガンジーセーター。
ごつごつした模様のガンジーで、
作業着を編んだらきっとすてきだろう、
とずっと思っていました。
それも大きなポケットがついた
割烹着のような作業着、tablierを。
tablierは、フランス語でエプロンのこと。

とてもシンプルなパターンだけで
編んでいるので、どんどん編み進みそう。
前後どちらを前にしても
着られるようになっています。
割烹着のように着ても、
コートようにはおっても、下に着るものを
選ばないおおらかさがあります。
使用糸・ポットナート →p.62

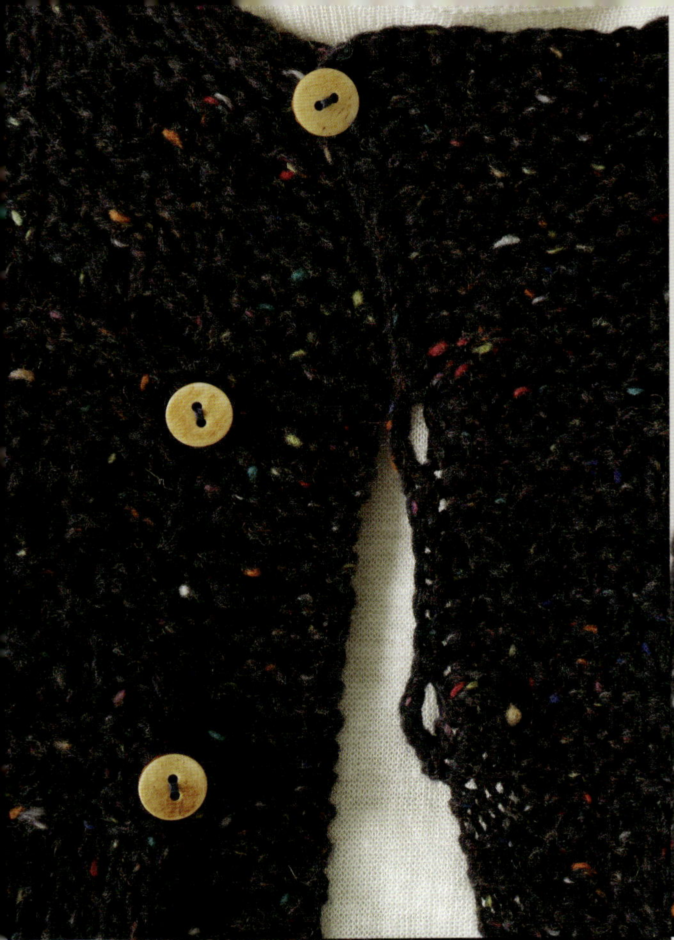

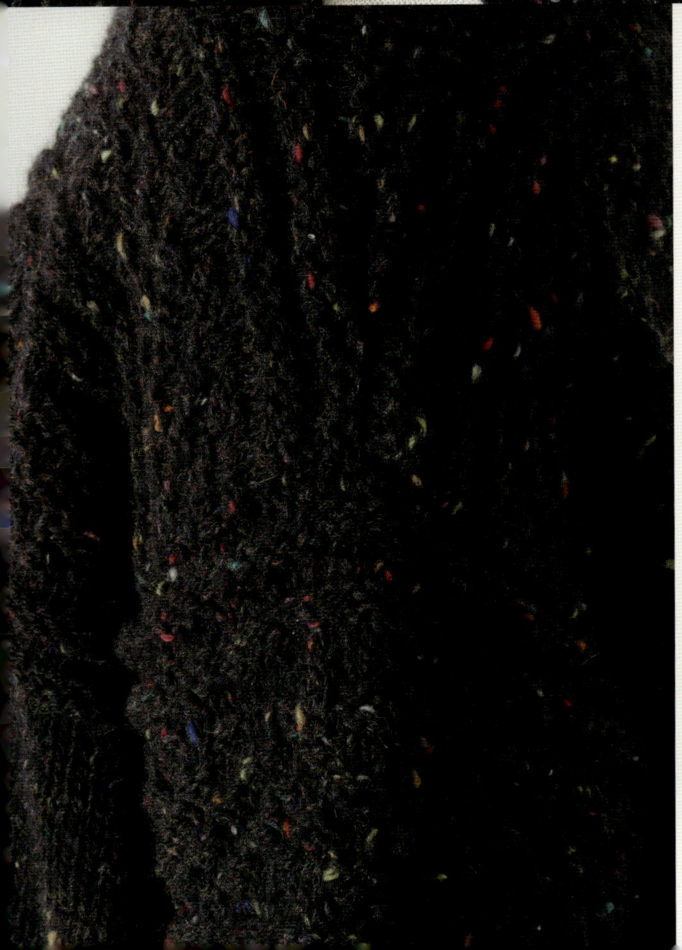

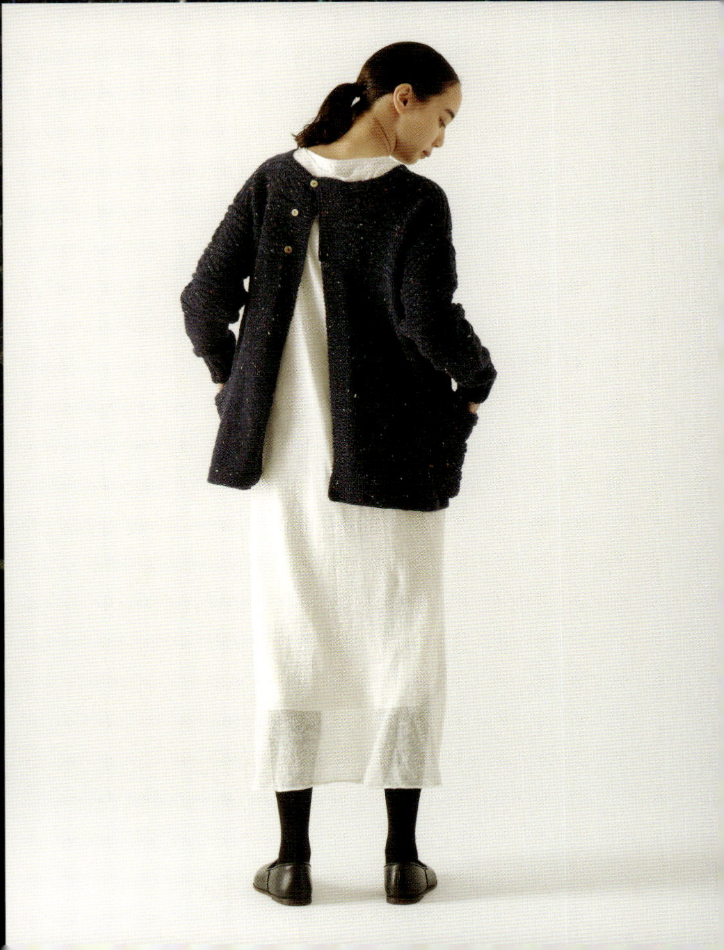

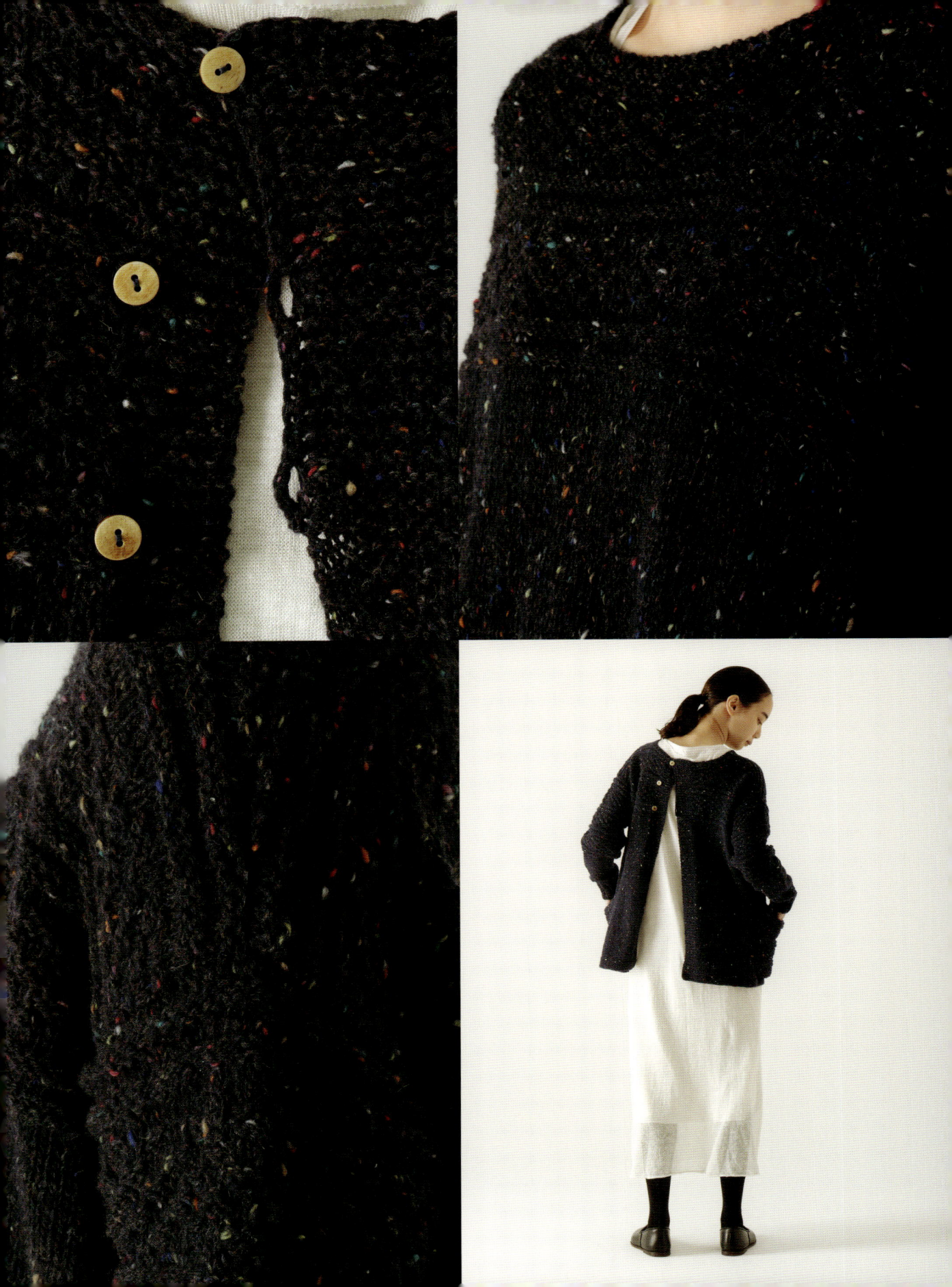

苺のストール

パイナップル編みで、懐かしいぬくもりのあるストールを
編みたいと柄出ししていたら、楽しい"苺模様"ができました。
森のくまさんが、こんなストールを巻いて
せっせと木苺をとってパンでも焼いている……

こんなお話が似合いそうなハッピーなストールはかぎ針編み。
ネット編みのかごに大きな苺が並んでいるようです。
縁も玉編みでころんとさせています。
使用糸・クイーンアニー →P.65

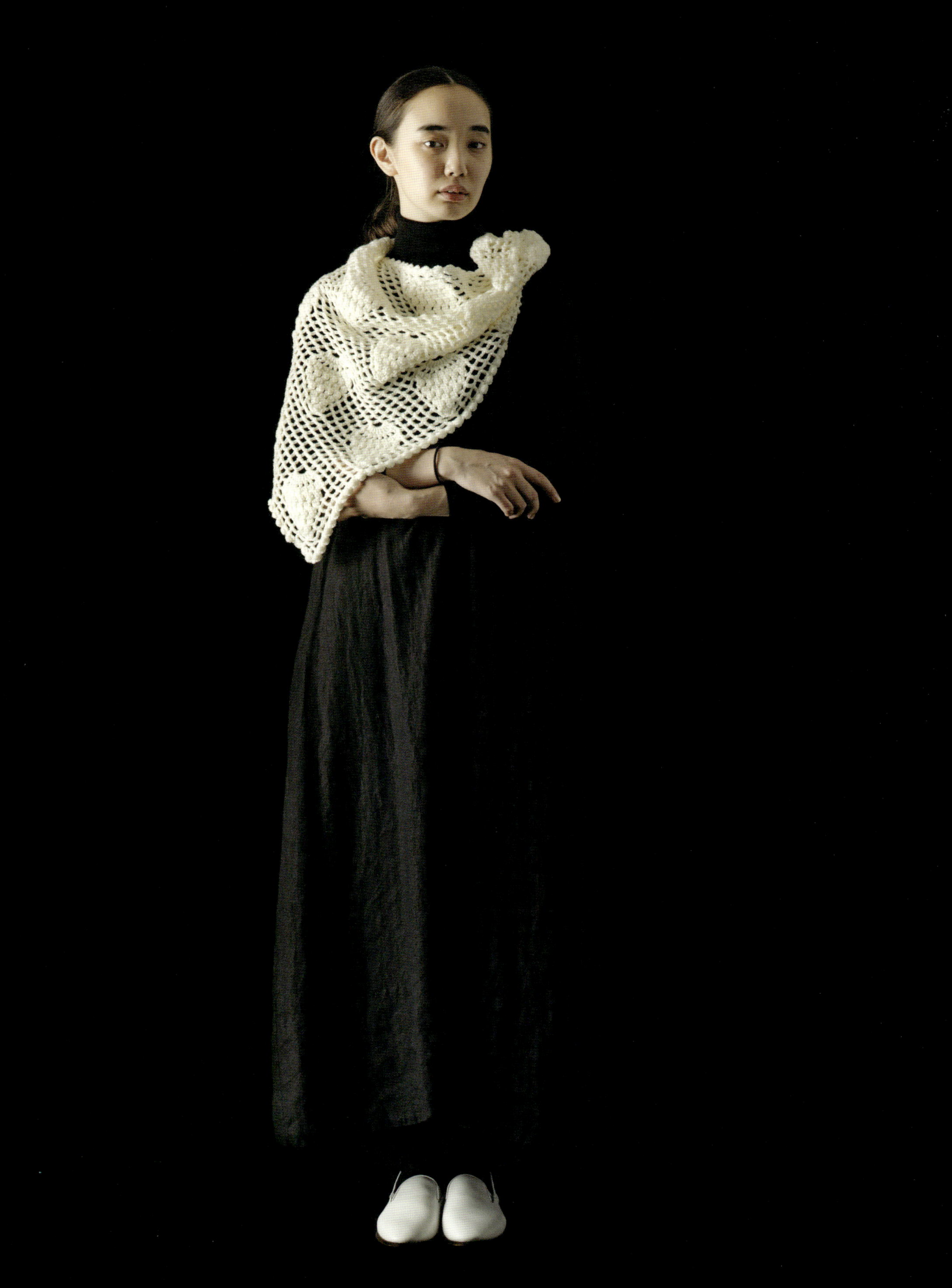

リブリブベスト

私が子どものころお気に入りだったベストを
田舎の茶箱で見つけたとき、
そのデザインのシンプルさがとても新鮮で、
今改めて、編んで着たいと思いました。

まっすぐゴム編みを編んだパーツを
縫合するだけの簡単ベスト。
デニムやシャツに合わせたり、
夏素材で編んでタンクトップにしても。
使用糸・ブリティッシュファイン →P.64

スカラップエッジのセーター

編み地の個性を生かして
縁編みいらずのセーターになりました。
ケーブル模様はエッジがそのまま
スカラップになる優れものです。

T形のシンプルセーター、
細いモヘア糸でさくさくと編み進めます。
編みっぱなしのそっけなさが、軽快な雰囲気です。
使用糸・キッドモヘアファイン →p.70

ワッフル編みのジャケットとマフラー

ワッフルのように立体的で、
凝ったテキスタイルにも見える編み地です。
フォーマルにもカジュアルにも
着られる定番ジャケットと、
おそろいのマフラーにしました。

立体的な格子柄は、
糸の編込みやアーガイルのような操作がなく、
すべり目で
ストレスレスに編むことができます。
使用糸・クイーンアニー →P.72

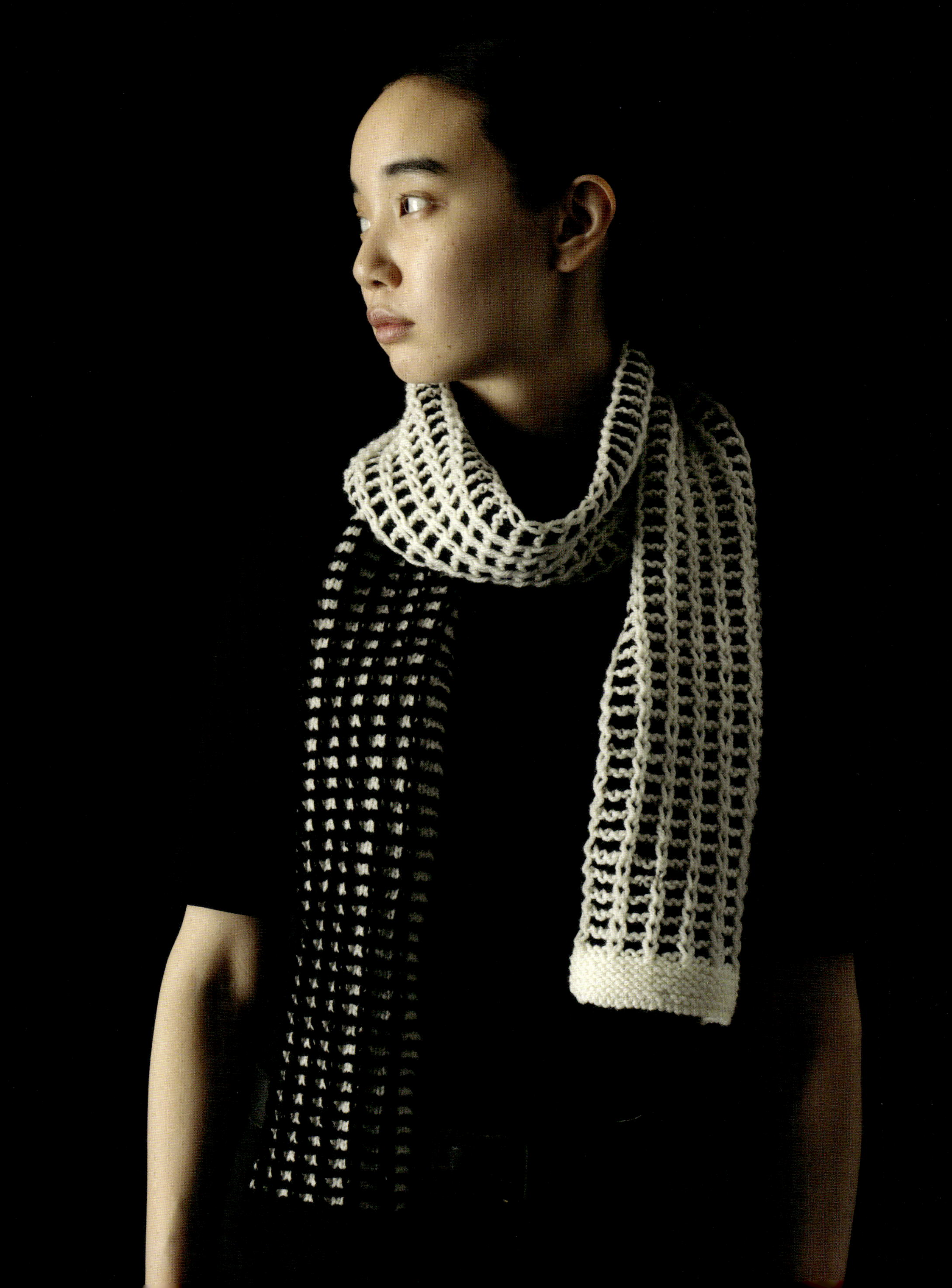

こぶたくんのセーター

こどもたちの書いた詩集を読んでいたら
その透き通るような文と文の間に見えてきた風景を
セーターにしたいと思いました。
木陰のどこかできっと、
こぶたくんがお昼寝しているはずなんですが……

袖の模様は麦畑、
身頃には伸び伸びと枝を広げる樹を
立体的に編み出して、
レゼーデージーの葉を茂らせました。
編みながら、こぶたくんを思い描いてくださいね。
使用糸・ソフトドネガル、クイーンアニー → p.67

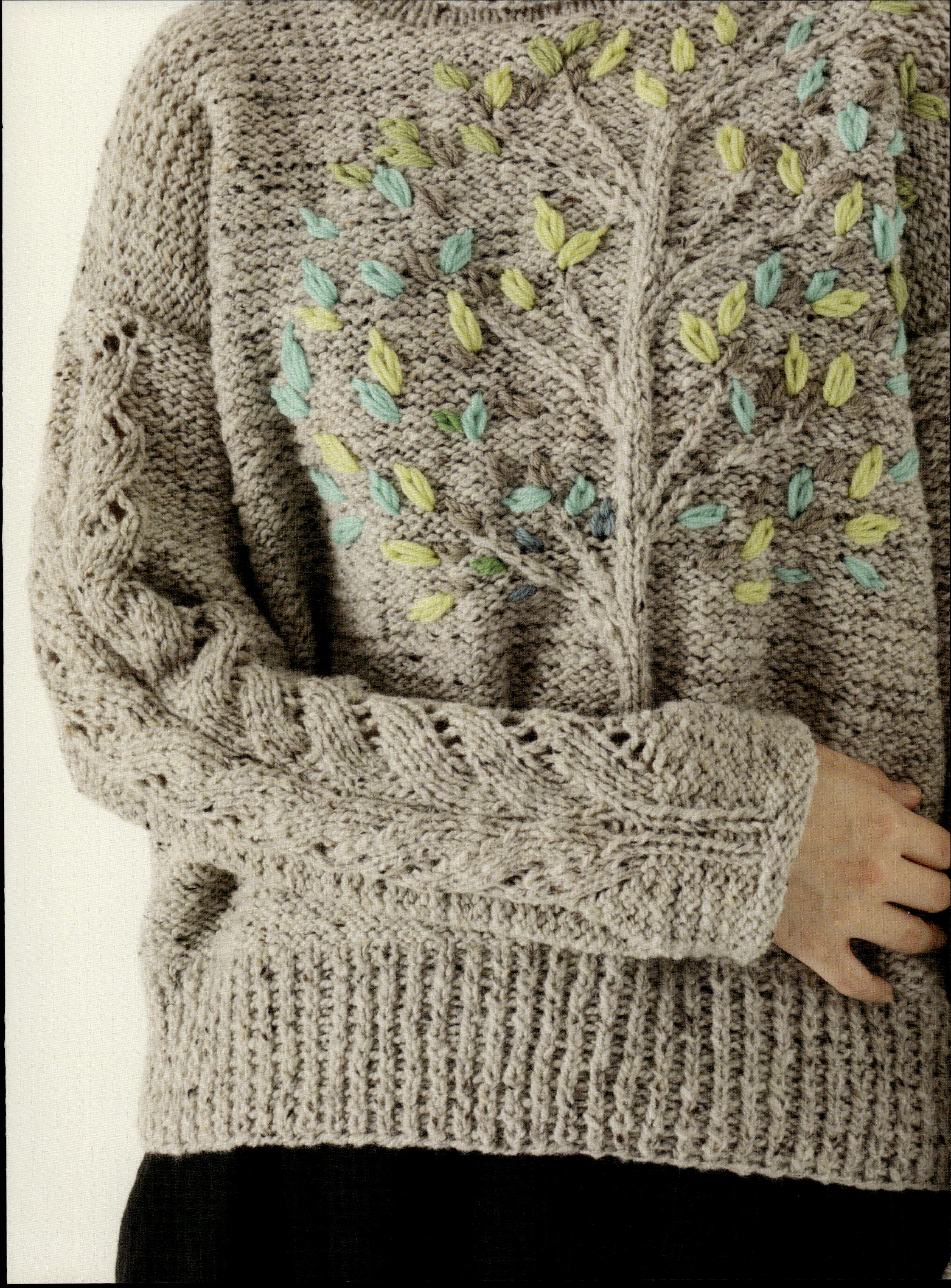

**ガーター編みの富士山セーターと
シュークリーム帽**

幾何学的なシンプルなガーターセーターです。
セーターは一方の角から編み始め、
大きな四角形になったら折り紙のように
二つ折りにして縫合すると富士山形になります。
編み地の両端で2段ごとに増減目した
バイアスの編み地の帽子は、
その片側をゴム編みにしてボンボンをつけました。

セーターも帽子も技法とパターンから生まれる、
ベーシックな編み地の美しさに
改めてひかれた仕上りになりました。
帽子は、平らに編むのでサイズ調節がしやすく、
次々に家族の分も
編んでみたくなること間違いなしです。
使用糸・シェットランド →P.74

35

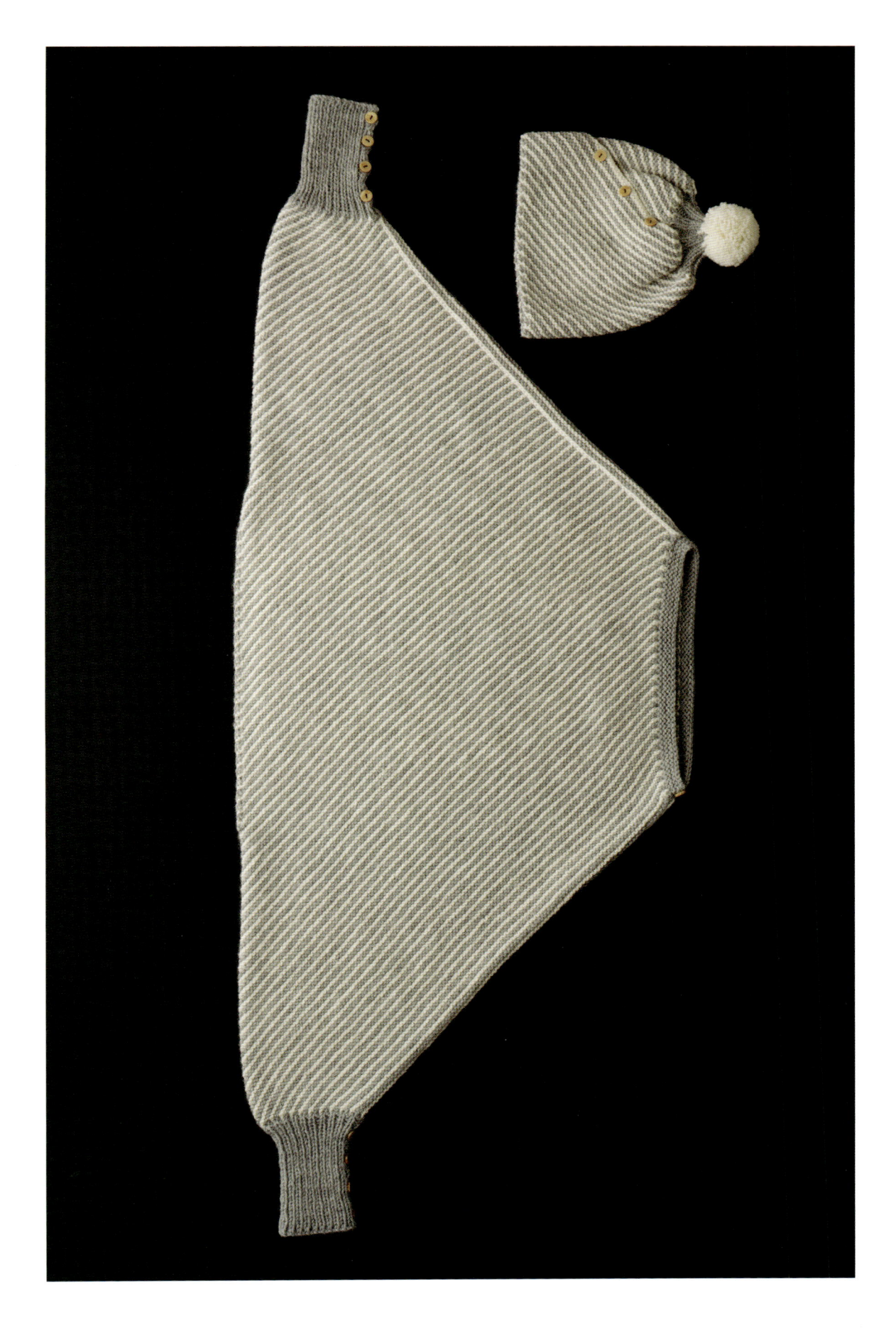

大地のセーター

太い筆で自由に、
勢いよく描くように、編み目のうねりを
楽しむセーターです。

編込みで模様を
編むこともできますが、
あえてラップアンドターンで編むことで
波のように、地層のように、
生き生きと動き出しそうに仕上がりました。
使用糸・ブリティッシュエロイカ → P.77

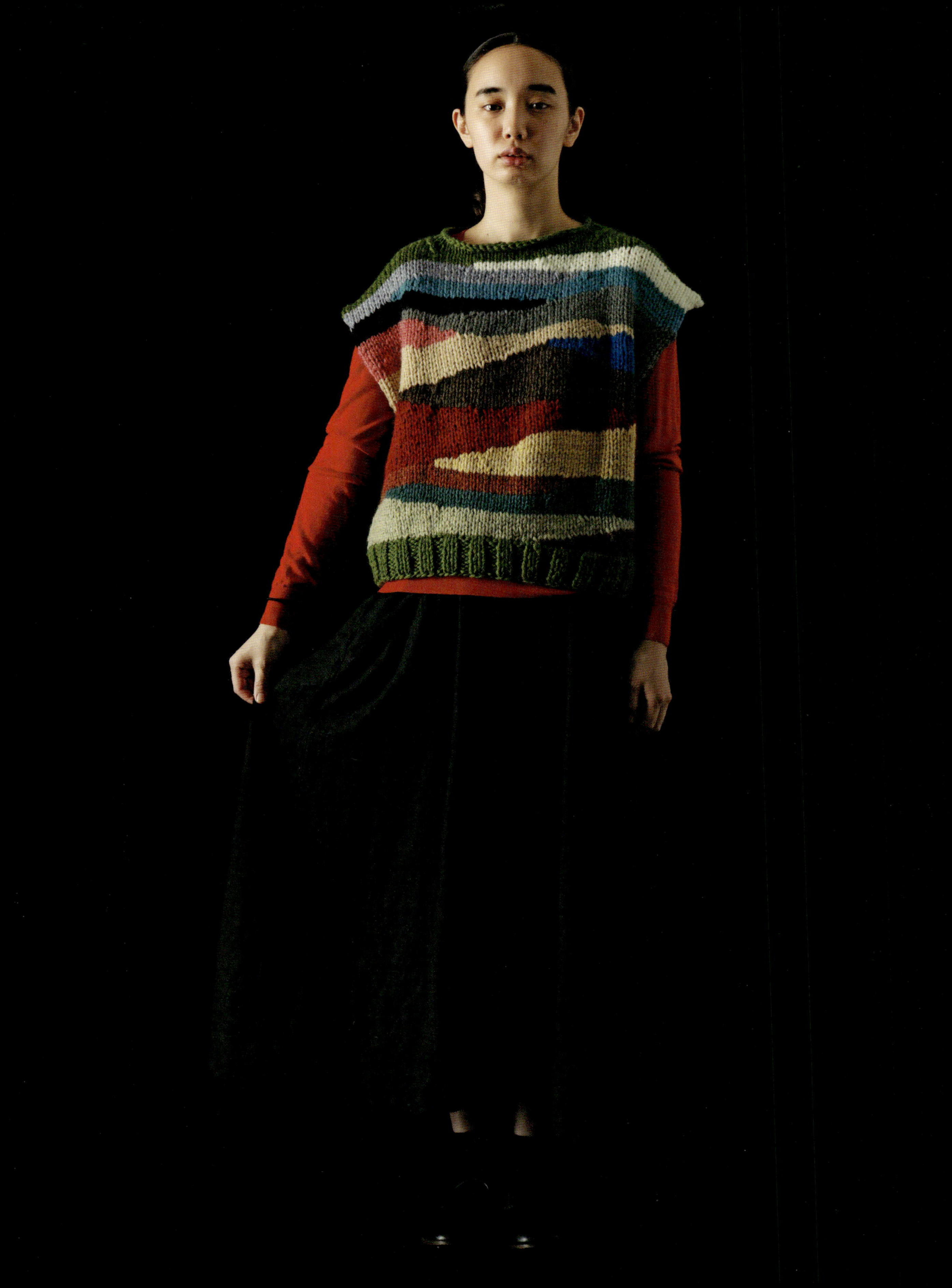

編み方のポイント

編みながらスモッキング（2目ゴム編みの場合） → P12

1 スモッキング位置の手前まで編みます。

2 6目先の目と7目めの間に右針を入れます。

3 表編みを編むように糸をかけて引き出します。

4 続けて、飛ばした1目めに針を入れて表編みを編みます。

5 そのまま3で引き出したループの間を通します。

6 1目めをはずします。

7 残りの5目を表編みにします。

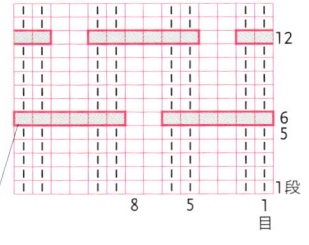

スモッキング位置

☐ = ⊖ …裏編み

アーガイル模様の糸の替え方 → P.10

1 アーガイル模様は、それぞれの色から糸が出ています。

2 色の変り目では、今まで編んできた糸に下から新しい糸をからめるようにします。

3 新しい色で編みます。

アーガイル模様

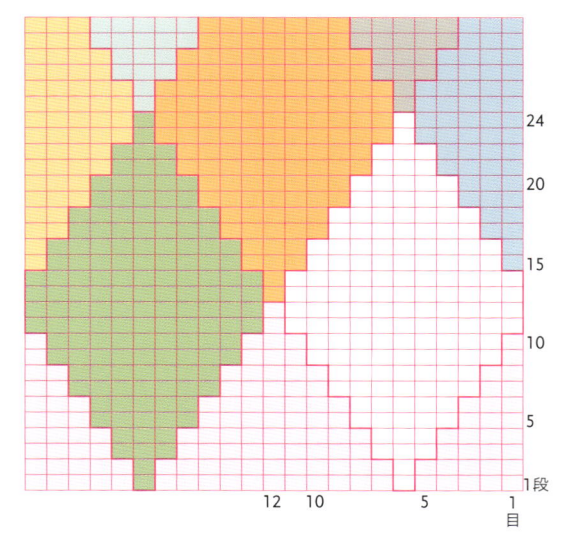

4 次の色に移るときも、新しい糸を下からからげるようにして編みます。

5 裏編みの時も新しい糸を下から交差するようにして編みます。

ラップアンドターン → P.18

1 引き返すところまで編んだら、次の目をいったん右針に移し、編み糸を向うから渡し、また目を左針に戻します。

2 編み糸を移した目の根もとを巻くように向うに回します。

3 持ち替えて裏編みを編みます。

4 反対側でも糸を手前にして、次の目を右針に移します。

5 糸を向うに回します。

6 持ち替えて、移した目の根もとを巻くようにして糸を向うにし、表編みを編みます。

7 ラップアンドターンの出来上り。

8 段消しの時、表編みの時は根もとに巻かれた糸を右針で拾い、続けて針にかかっている目に針を入れて、2目一度に編みます。

9 向かって左側が段消しをしたところ。

10 裏編みの時は、巻いた目を向うから拾い上げて左針にかけます。

11 2目一度に編みます。

ラップアンドターン

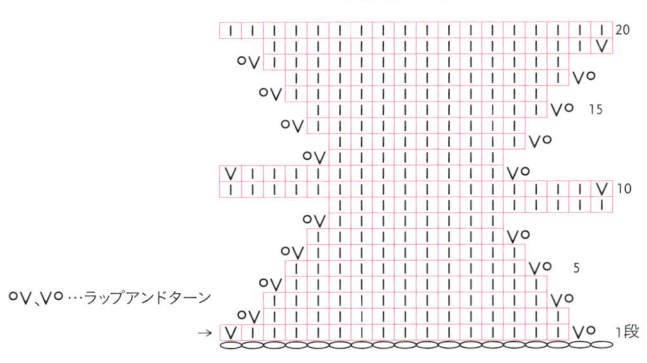

°V、V°…ラップアンドターン

裏に渡る糸を編みくるむ → P.14

1 4目編み、次の目に針を入れたところで、休ませていた糸を地糸の上に渡して編みます。

2 次の4目を編んだところで、針を次の目に入れ、渡す糸を下からかけて編みます。

3 裏からも同じように、4目編み、次の目に針を入れたところで渡す糸を上からかけます。表も裏も同じ位置(3、4目おき)に操作します。

4 地糸で裏編みを編みます。

5 さらに3、4目編んで、針を次の目に入れ渡す糸を下から上にかけて編みます。

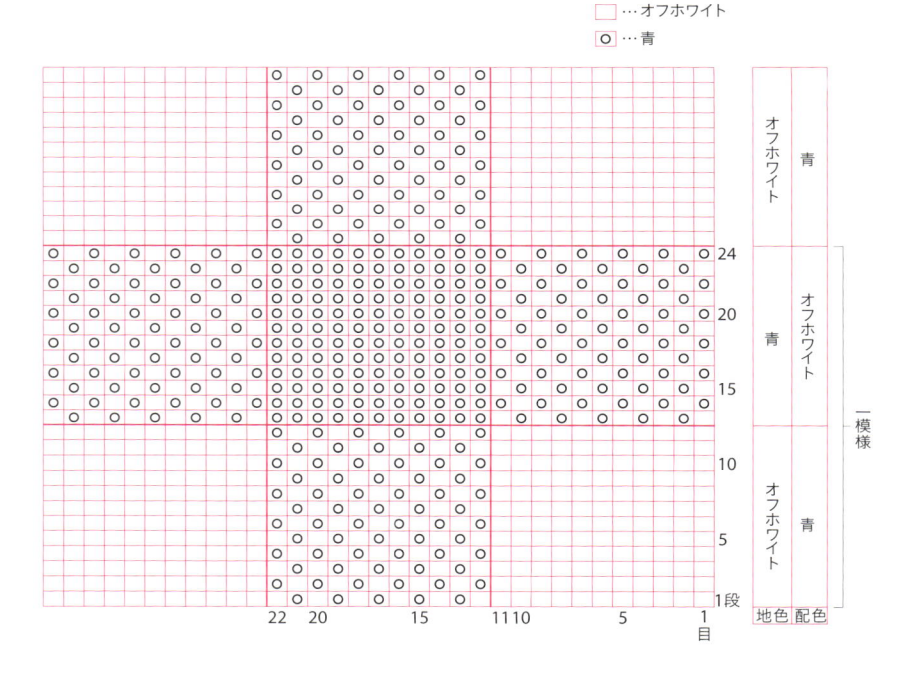

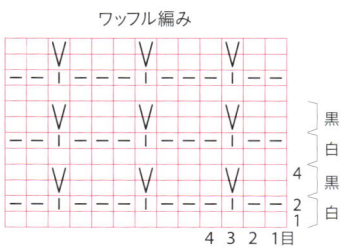

…オフホワイト
○…青

ワッフル編み → P.30

1 1段めは表面から、白で表編み1段みます。

2 2段めは、裏面から白で表編み3目、裏編み1目編みます。

3 3段めは、糸を黒に替えて表編み3目、次の目は、裏編みを編むように針を入れて右針に移します(すべり目)。

4 4段めは、黒で裏編み3目、糸を手前にして次の目を右針に移します(裏から編む時は浮き目)。

How to knitting

編みながらスモッキングするセーター p.12,13

- ★ 糸　　シェットランドのベージュ(7) 360g
- ★ 針　　10号、8号、6号棒針
- ★ ゲージ　裏メリヤス編み16.5目25段が10cm四方
- ★ サイズ　胸回り100cm、着丈(後ろ衿ぐりから)57cm、ゆき丈55.5cm

✚ 編み方ポイント

作り目は、指に糸をかけて作る作り目にします。
身頃、袖ともにガーター編みの後、裏メリヤス編みでそれぞれ編みます。
編終りは、目を休めておきます。
後ろ、左袖、前、右袖の順に休めた目を続けて拾い、輪にしてヨークの模様編みを編みます。
模様編みの編み方は、p.38をごらんください。
模様編みは、途中で減し目をし、最後は目なり(表目には表目の、裏目には裏目の伏止め)に伏止めをします。
身頃と袖をとじ、袖下、脇をとじて袖ぐり下をはぎます。

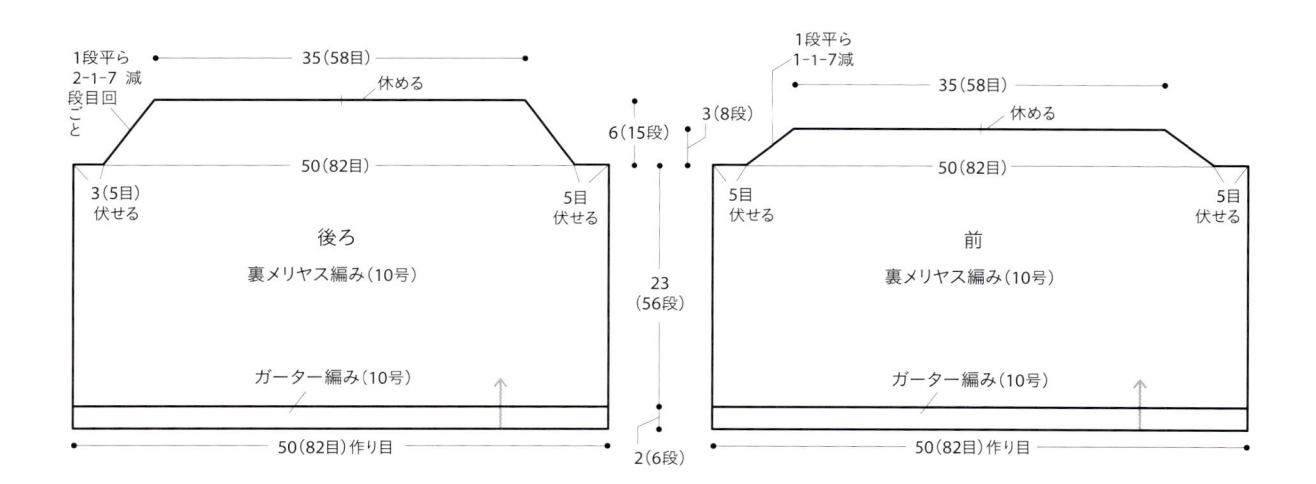

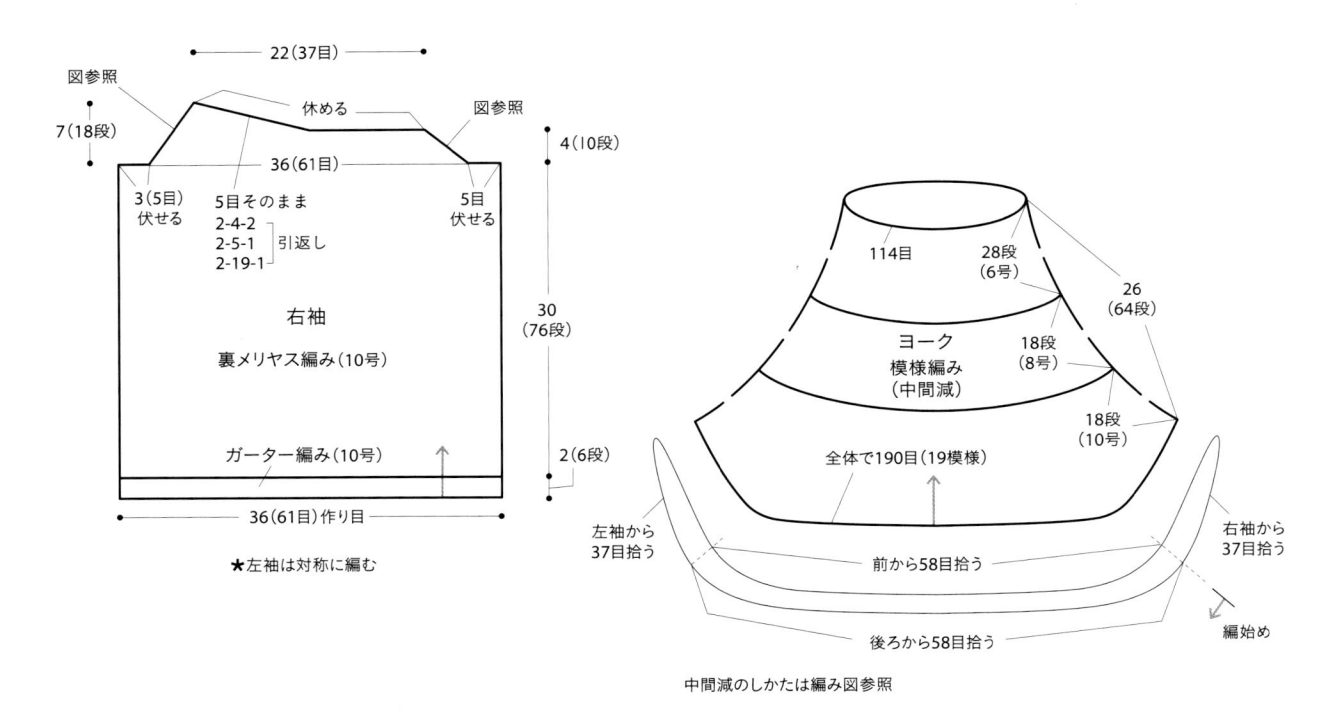

右袖

- 22(37目)
- 7(18段) 図参照
- 休める
- 図参照
- 4(10段)
- 3(5目)伏せる
- 36(61目)
- 5目伏せる
- 5目そのまま
- 2-4-2
- 2-5-1 引返し
- 2-19-1
- 右袖 裏メリヤス編み(10号)
- 30(76段)
- ガーター編み(10号)
- 2(6段)
- 36(61目)作り目

★左袖は対称に編む

ヨーク

- 114目
- 28段(6号)
- 26(64段)
- ヨーク 模様編み(中間減)
- 18段(8号)
- 18段(10号)
- 全体で190目(19模様)
- 左袖から37目拾う
- 前から58目拾う
- 右袖から37目拾う
- 後ろから58目拾う
- 編始め

中間減のしかたは編み図参照

袖山の引返し編み

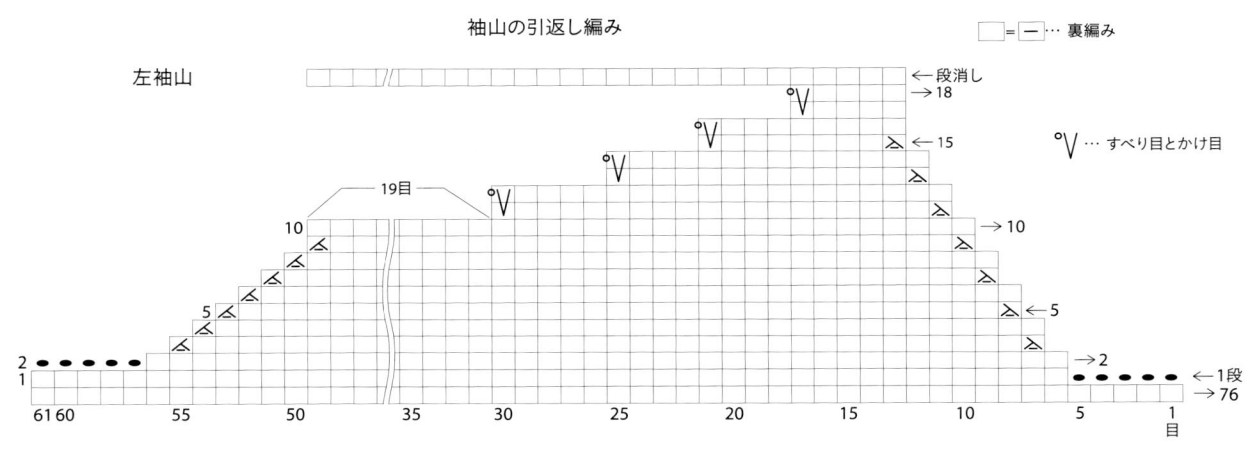

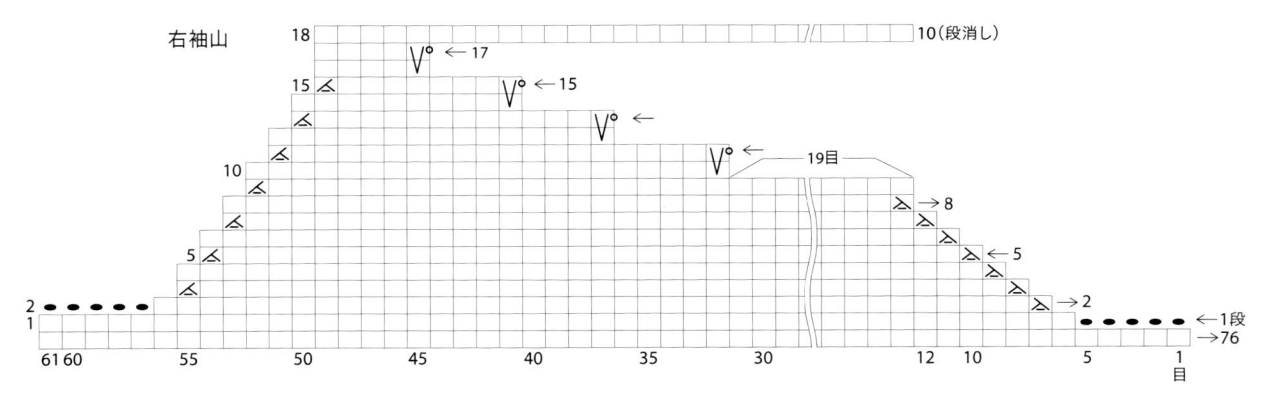

□ = − … 裏編み
°V … すべり目とかけ目

左袖山

- →段消し →18
- ←15
- 19目
- →10
- ←5
- →2 ←1段 →76

右袖山

- 18 10(段消し)
- ←17
- ←15
- 19目
- →8
- ←5
- →2 ←1段 →76

模様編みと中間減し目

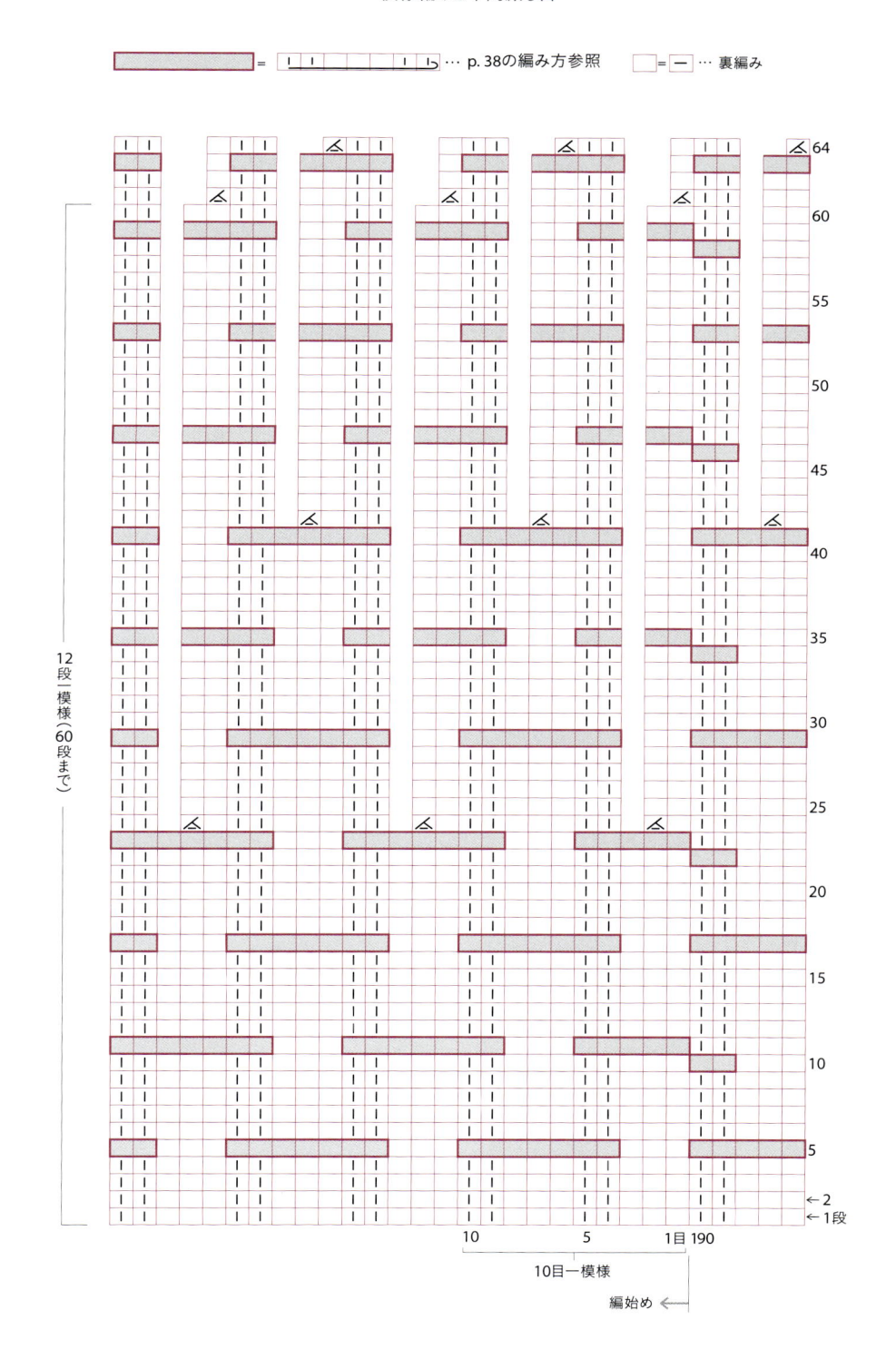

12段―模様(60段まで)

10目―模様

編始め

メリヤス編み好きの目立てのセーター p.8,9

- ★ 糸　　　クイーンアニーのベージュ(812) 490g
- ★ 用具　　7号棒針、6号輪針
- ★ ゲージ　メリヤス編み18目23.5段、2目ゴム編み18目27.5段が10cm四方
- ★ サイズ　胸回り92cm、着丈53.5cm、ゆき丈71cm

✚ 編み方ポイント

作り目は、指に糸をかけて作る作り目にします。
裾のガーター編みの後、脇から16目内側で増し目、身頃中央で2目立て減し目をして編みます。
前後、袖を編んだら、編終りに休めた目を拾って輪にし、2目ゴム編みでヨークを編みます。
編終りは目なり(表目には表目の、裏目には裏目の伏止め)に伏止めをします。

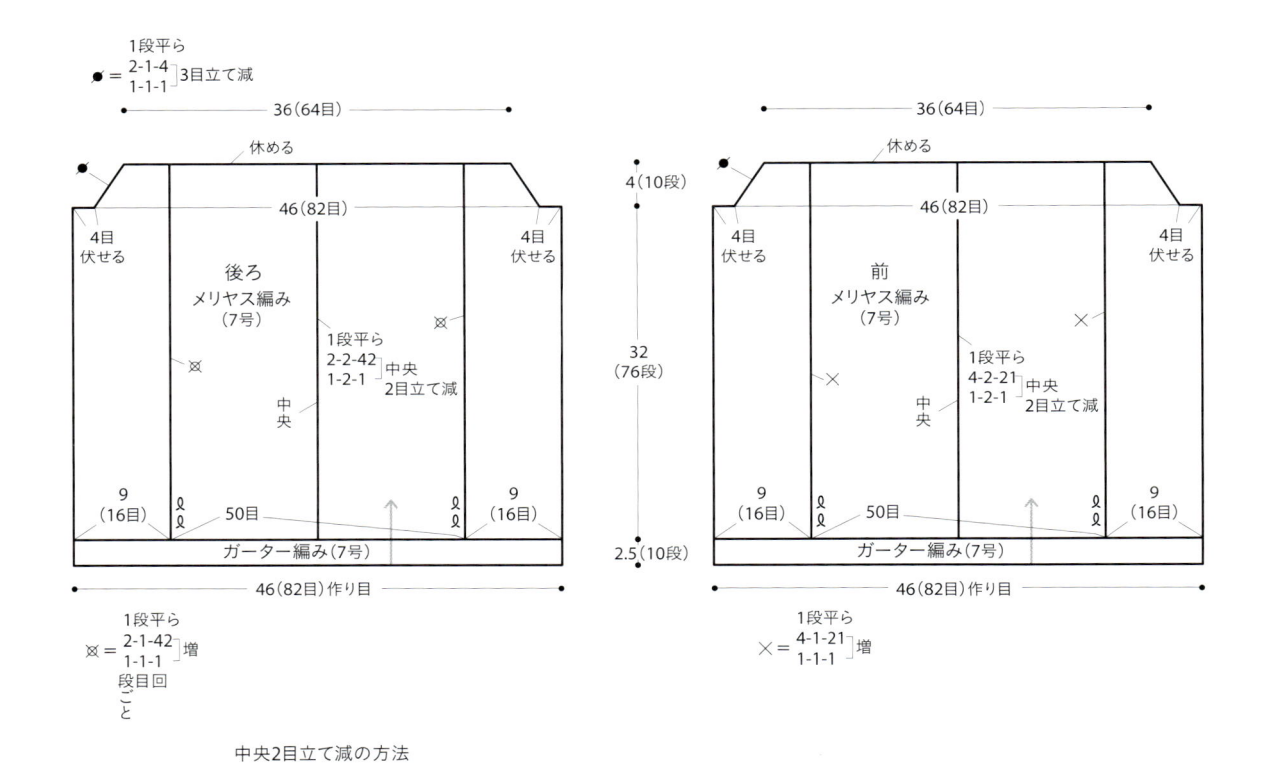

袖

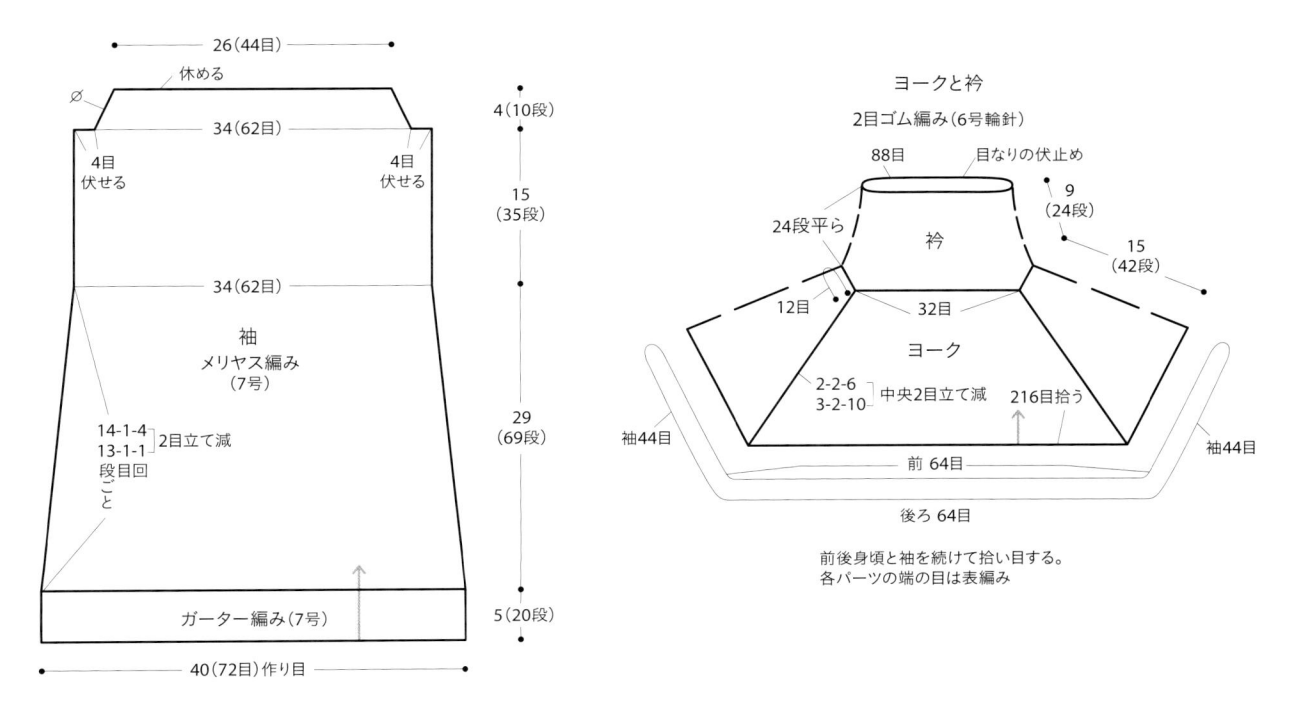

- 26(44目) 休める
- ∅
- 4目伏せる
- 34(62目)
- 4目伏せる
- 4(10段)
- 15(35段)
- 34(62目)
- 袖 メリヤス編み(7号)
- 14-1-4
  13-1-1 ｝2目立て減
  段目回 ごと
- 29(69段)
- 5(20段)
- ガーター編み(7号)
- 40(72目)作り目

∅ = 2-1-5 減

ヨークと衿

- 2目ゴム編み(6号輪針)
- 88目 目なりの伏止め
- 24段平ら
- 衿
- 9(24段)
- 15(42段)
- 12目 32目
- ヨーク
- 2-2-6
  3-2-10 中央2目立て減
- 216目拾う
- 袖44目
- 前 64目
- 袖44目
- 後ろ 64目

前後身頃と袖を続けて拾い目する。
各パーツの端の目は表編み

まとめ

- とじる
- 袖ぐり下の伏せ目ははぐ
- とじる

アーガイルのセーターと少女のベスト P.10,11

大人用
- **糸** シェットランドの紺(20) 340g、配色糸は別表参照
- **付属品** 直径2.5cmのボタン2個
- **針** 7号、6号棒針、7/0号かぎ針
- **ゲージ** 7号棒針で編込み模様は19目27段、メリヤス編みは20目25段が10cm四方
- **サイズ** 胸回り100cm、着丈60.5cm、ゆき丈76cm

少女用(身長120～140cm)
- **糸** シェットランドの紺(20) 120g、配色糸は別表参照
- **針** 7号、6号棒針
- **ゲージ** 7号棒針で編込み模様は19目27段、メリヤス編みは20目25段が10cm四方
- **サイズ** 胸回り86cm、着丈46.5cm

✚編み方ポイント
アーガイル模様は、大人、少女ともに同じ目数段数、配色です。
アーガイル模様の糸の替え方はp.38をごらんください。
右袖側から編み、前後身頃、左袖の順に編みます。
途中衿ぐりの位置で左右に分けて編みます。
大人用は、編始めの作り目は指に糸をかけて作る方法です。
途中の作り目は、巻き増し目の方法。編終りは伏止めです。
少女用は、編始めの作り目は、別糸を使う作り目です。途中の作り目は巻き増し目の方法。
袖口の三角モチーフは、1枚ずつ身頃から拾い目をして編みます。

編込み模様の配色(共通)

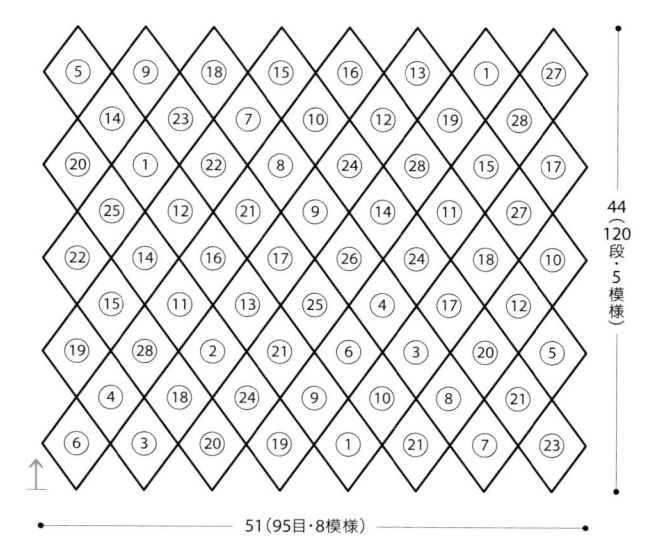

44(120段・5模様)
51(95目・8模様)

色	色番号	記号	分量	色	色番号	記号	分量
薄紫色	34	①	7g	なす紺	53	⑮	7g
ベージュ	7	②	3g	緑	14	⑯	5g
黄色	39	③	5g	モスグリーン	11	⑰	7g
山吹色	54	④	5g	若緑	47	⑱	7g
オレンジ色	43	⑤	5g	薄緑	48	⑲	5g
朱色	25	⑥	5g	カーキ色	3	⑳	7g
えんじ色	23	⑦	5g	あずき色	22	㉑	9g
オペラピンク	55	⑧	5g	茶色	5	㉒	5g
濃いピンク	28	⑨	7g	赤紫	56	㉓	5g
薄いピンク	37	⑩	7g	ぶどう色	41	㉔	7g
淡い水色	9	⑪	5g	紺	20	㉕	5g
ライトブルー	17	⑫	7g	グレー	30	㉖	3g
ターコイズブルー	52	⑬	5g	チャコールグレー	31	㉗	5g
ブルー	16	⑭	7g	黒	32	㉘	7g

編込み模様の図案（メリヤス編み・共通）

□ アーガイルの色は別図参照
■ … 地糸

★地糸に配色を編み込む部分（1〜12段めと109〜120段め）は地糸のみ裏に渡し、編む（p.40参照）

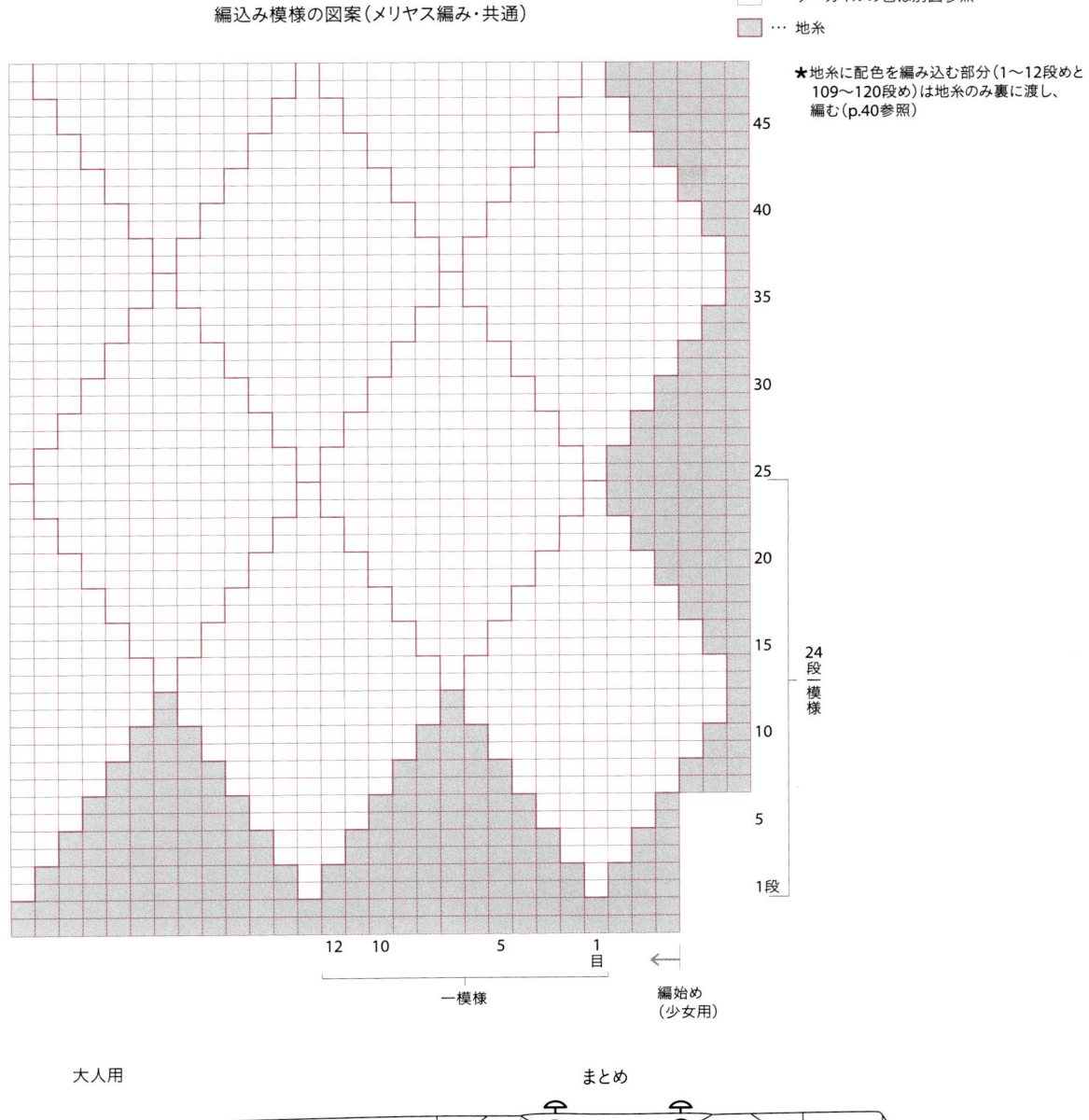

24段一模様

1段

12　10　　5　　1目

一模様　　編始め（少女用）

大人用　　　まとめ

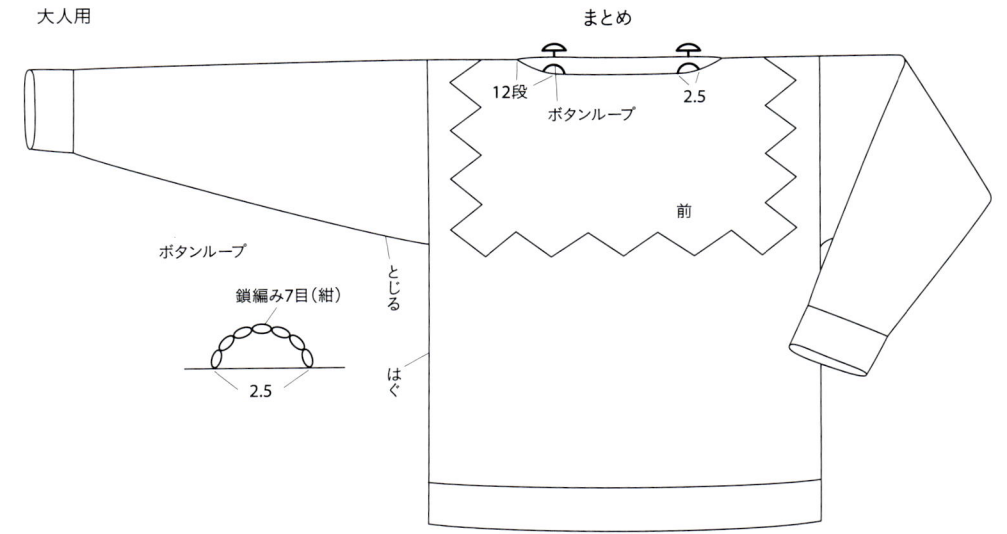

12段
ボタンループ
2.5
前

ボタンループ
鎖編み7目（紺）
2.5

とじる
はぐ

大人用

47目
1目ゴム編み(紺・6号)
6(20段)
24(47目)

左袖
メリヤス編み(紺・7号)

3段平ら
4-1-2
6-1-1　7
6-1-1　減
5-1-1

45(112段)

71目伏せる　47(93目)　71目伏せる
3段

後ろ
メリヤス編み
(紺・7号)

ガーター編み(紺・7号)

衿ぐり27(72段)

47目
48目
27段

前
メリヤス編み
(紺・7号)

ガーター編み(紺・7号)

50(126段)

編込み模様

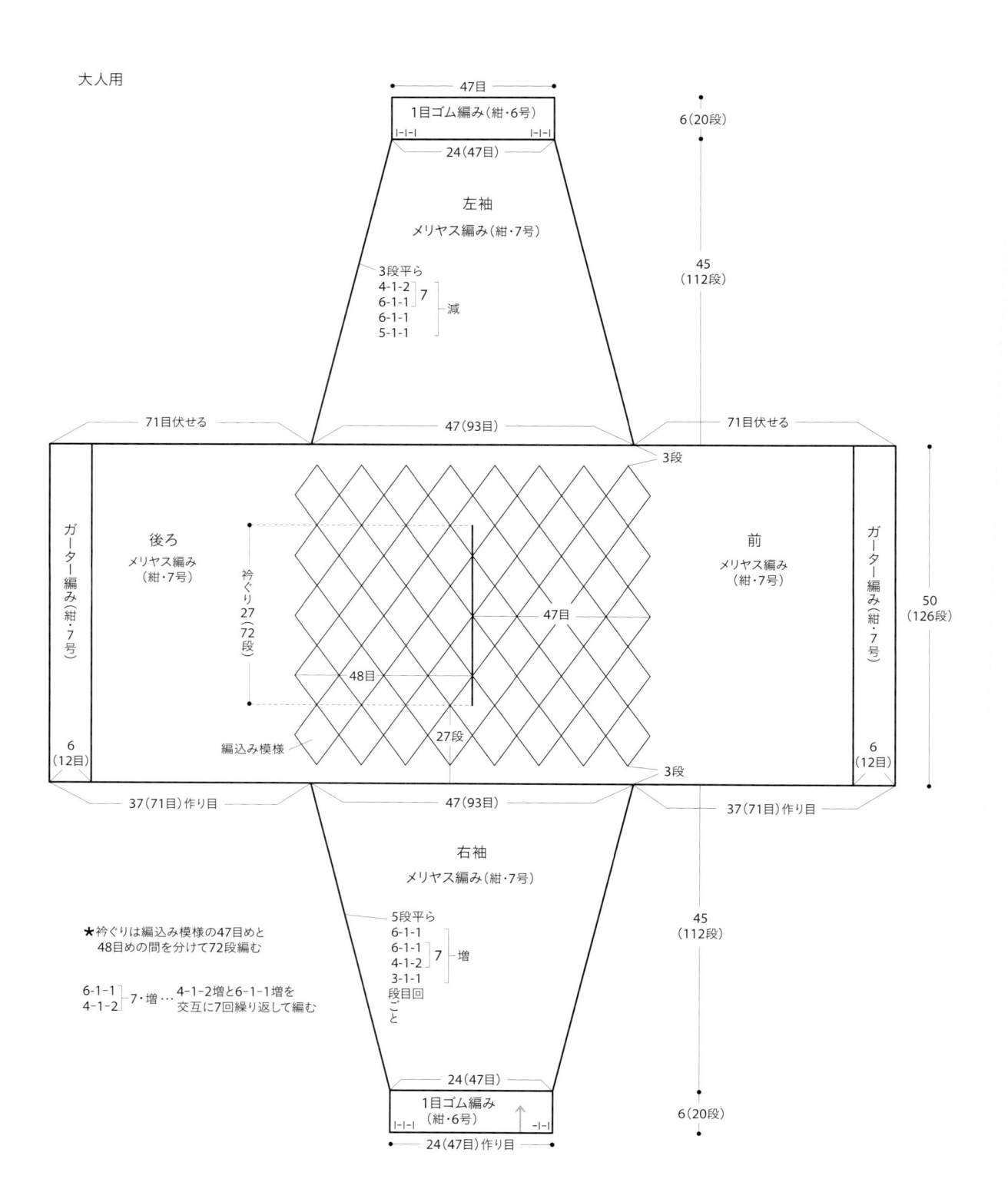

6(12目)　6(12目)
37(71目)作り目　47(93目)　37(71目)作り目
3段

右袖
メリヤス編み(紺・7号)

5段平ら
6-1-1
6-1-1　7
4-1-2　増
3-1-1
段目ごと回

24(47目)
1目ゴム編み(紺・6号)
6(20段)
24(47目)作り目

★衿ぐりは編込み模様の47目めと
48目めの間を分けて72段編む

6-1-1　7・増…　4-1-2増と6-1-1増を
4-1-2　　　　　交互に7回繰り返して編む

少女用

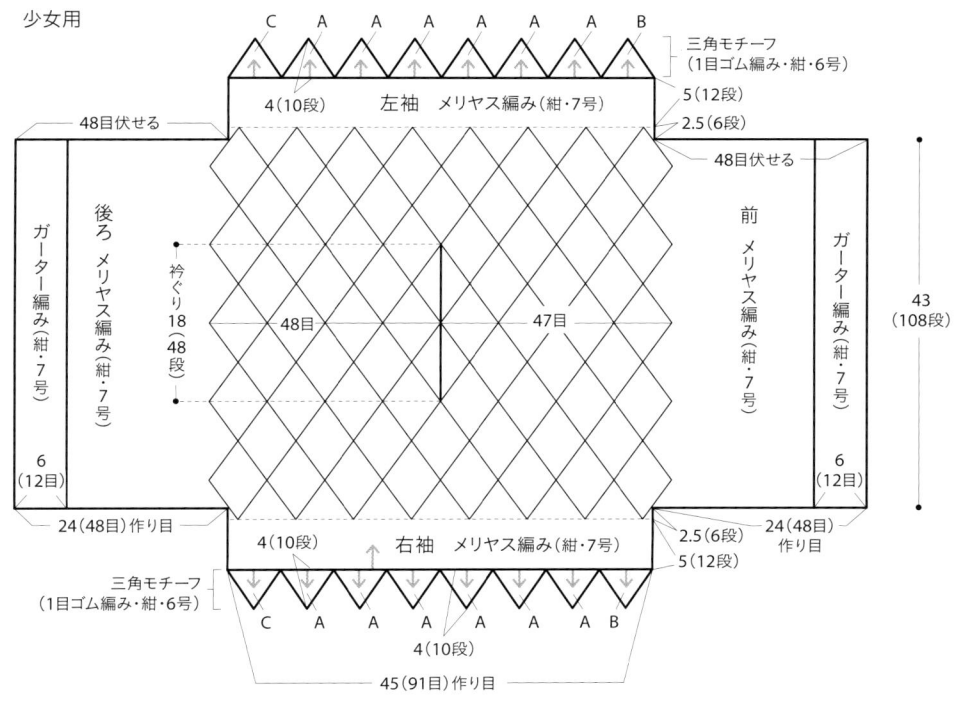

左袖 メリヤス編み(紺・7号)
三角モチーフ(1目ゴム編み・紺・6号)
4(10段)
5(12段)
2.5(6段)
48目伏せる
48目伏せる

後ろ メリヤス編み(紺・7号)
ガーター編み(紺・7号)
前 メリヤス編み(紺・7号)
ガーター編み(紺・7号)

衿ぐり 18(48段)
48目
47目

6(12目)
6(12目)
24(48目)作り目
24(48目)作り目
43(108段)

2.5(6段)
5(12段)
4(10段)

右袖 メリヤス編み(紺・7号)
三角モチーフ(1目ゴム編み・紺・6号)

45(91目)作り目

衿ぐりは編込み模様の47目めと48目めの間を分けて48段編む

袖口の三角モチーフ

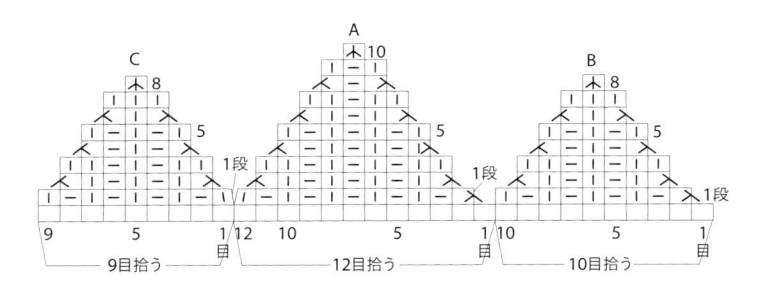

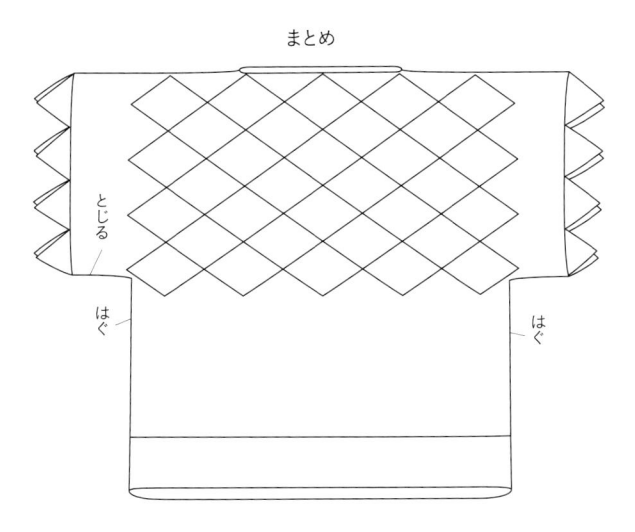

C 8
9目拾う
9　5　1目

A 10
12目拾う
12　10　5　1目
1段

B 8
10目拾う
10　5　1目
1段

まとめ

とじる
はぐ
はぐ

49

永遠のギンガムチェックのセーター p.14,15

- ★糸　　シェットランドの青(52) 300g、オフホワイト(08) 230g
- ★用具　7号、6号棒針
- ★ゲージ　編込み模様23目24段が10cm四方
- ★サイズ　胸回り96cm、着丈57cm、ゆき丈72.5cm

✚ 編み方ポイント

作り目は、指に糸をかけて作る作り目にします。
1目ゴム編みは6号、編込み模様は7号棒針を使用します。
編込み模様は、裏に渡る糸が長くなる部分があるので、
その場合は、p.40の方法で裏に渡る糸を編みくるむようにします。
衿ぐりは1目ゴム編みの後、目なりに伏止め(表目には表目の、
裏目には裏目の伏止め)をします。
袖つけは、模様が合うように、目と段のはぎをします。

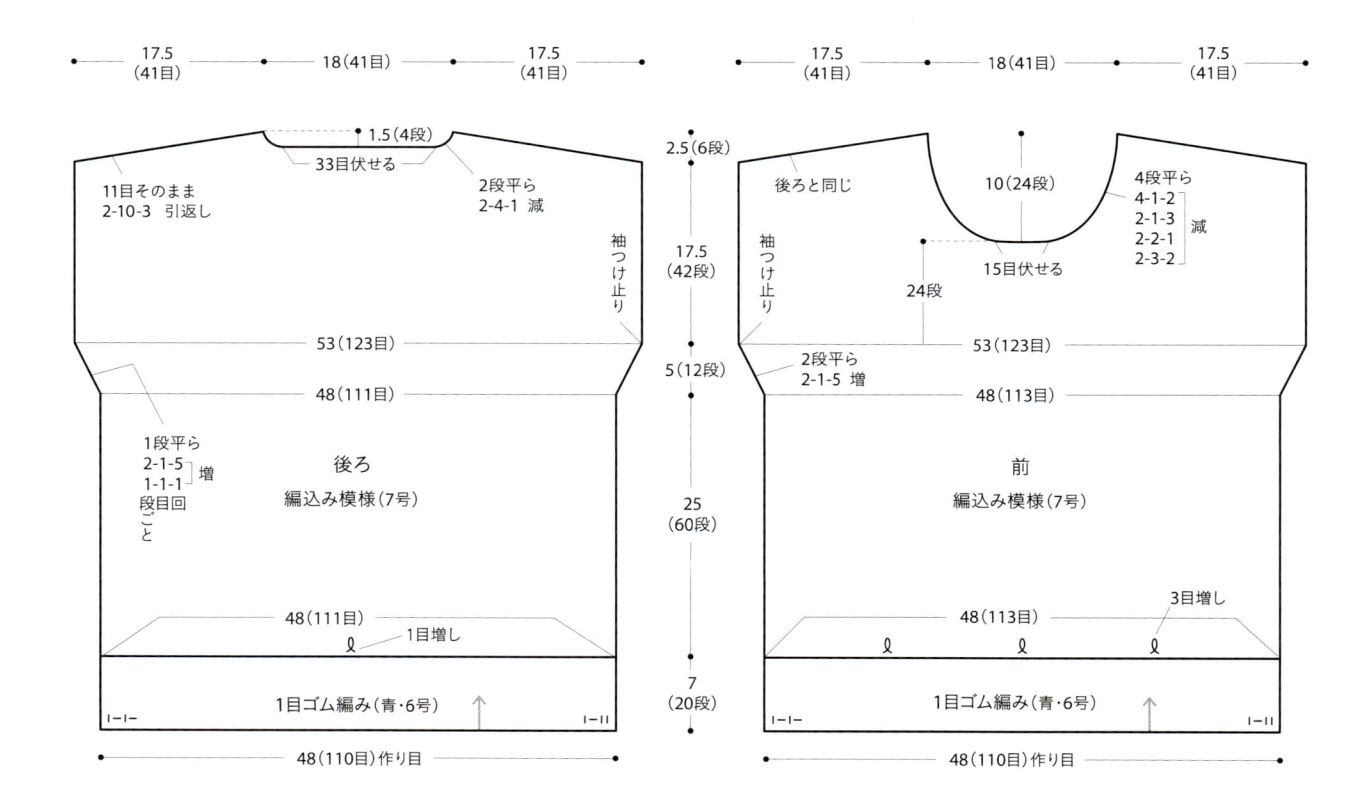

後ろ 編込み模様(7号)

- 17.5 (41目) / 18 (41目) / 17.5 (41目)
- 1.5 (4段) 33目伏せる
- 2段平ら 2-4-1 減
- 11目そのまま 2-10-3 引返し
- 袖つけ止り
- 53 (123目)
- 17.5 (42段)
- 48 (111目)
- 1段平ら 2-1-5 増 / 1-1-1 段目回ごと
- 25 (60段)
- 48 (111目) 1目増し
- 1目ゴム編み(青・6号)
- 7 (20段)
- 48 (110目)作り目
- 1-1-

前 編込み模様(7号)

- 17.5 (41目) / 18 (41目) / 17.5 (41目)
- 2.5 (6段)
- 後ろと同じ
- 10 (24段)
- 4段平ら 4-1-2 / 2-1-3 / 2-2-1 / 2-3-2 減
- 15目伏せる
- 24段
- 袖つけ止り
- 53 (123目)
- 2段平ら 2-1-5 増
- 5 (12段)
- 48 (113目)
- 48 (113目) 3目増し
- 1目ゴム編み(青・6号)
- 48 (110目)作り目
- 1-1-

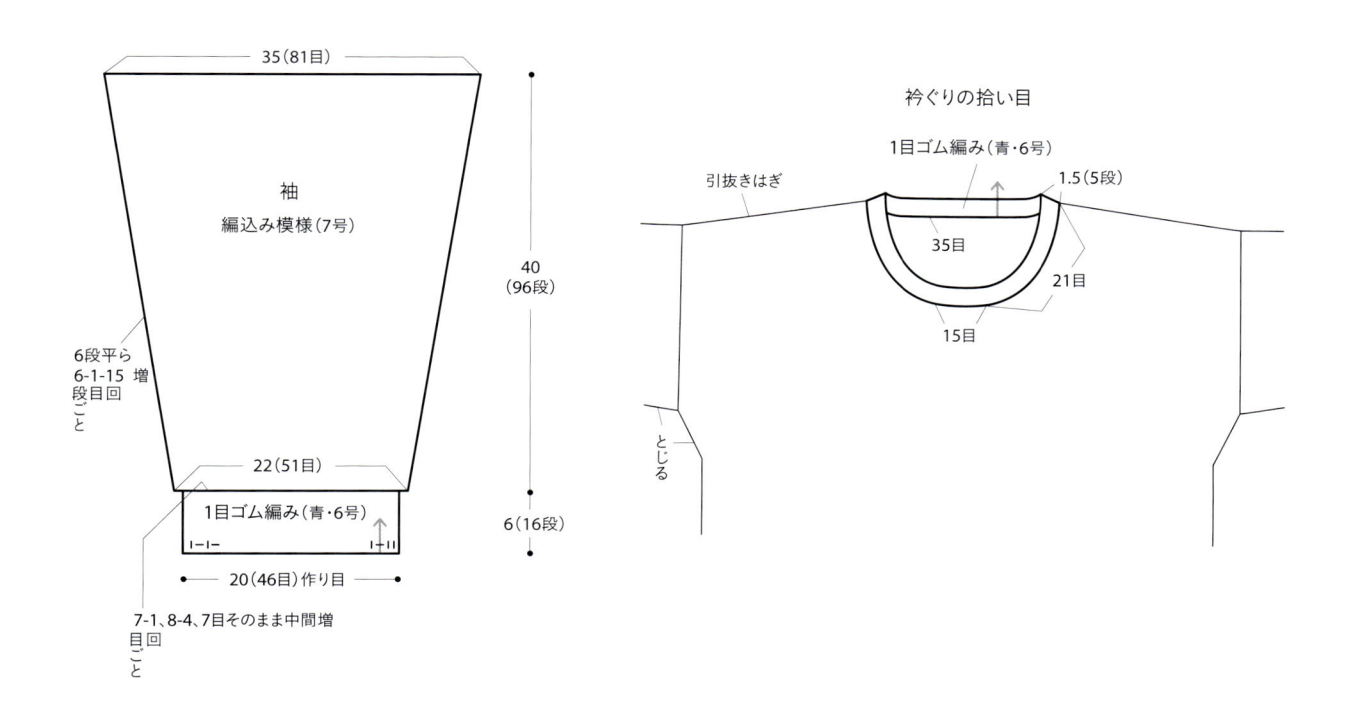

袖

- 35(81目)
- 編込み模様(7号)
- 40(96段)
- 6段平ら 6-1-15 増 段目ごと 回
- 22(51目)
- 1目ゴム編み(青・6号)
- 6(16段)
- 20(46目)作り目
- 7-1、8-4、7目そのまま中間増 目回 ごと

衿ぐりの拾い目

- 引抜きはぎ
- 1目ゴム編み(青・6号)
- 1.5(5段)
- 35目
- 21目
- 15目
- とじる

編込み模様の図案（メリヤス編み）

- □ … オフホワイト
- ○ … 青
- ∨ … 裏に渡す糸を編みくるむ位置（そろえると仕上がりがきれい）

	地色	配色
	オフホワイト	青
	青	オフホワイト
	オフホワイト	青

一模様

22 20　15　11 10　5　1目
中心（前、後ろ、袖）
袖 編始め
前身頃 編始め
後ろ身頃 編始め
一模様

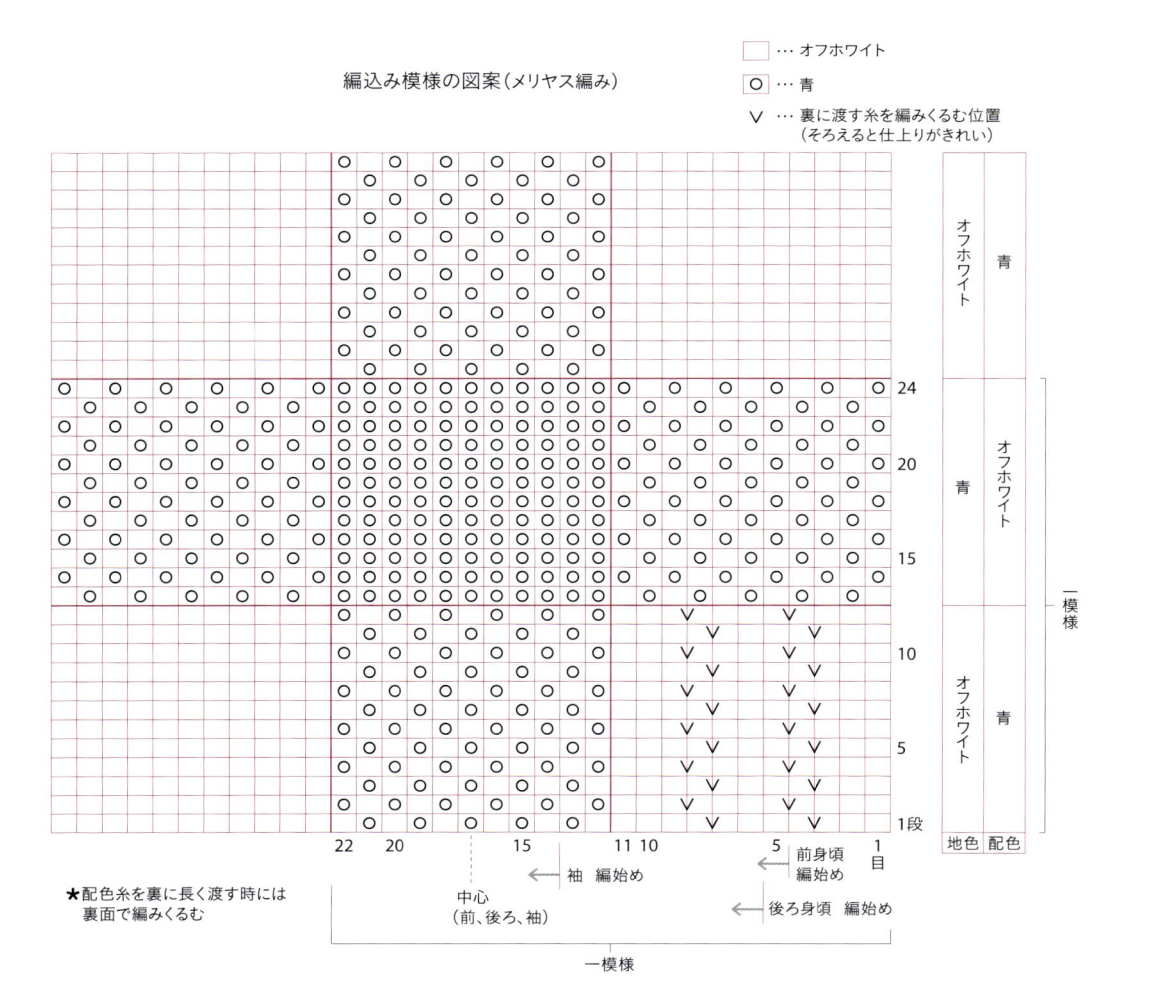

★配色糸を裏に長く渡す時には裏面で編みくるむ

51

哲学者のセーター p.16,17

- ★糸　　クイーンアニーの黒(803) 590g
- ★針　　7号棒針、6/0号かぎ針
- ★ゲージ　18目23.5段が10cm四方
- ★サイズ　胸回り136cm、着丈56cm、ゆき丈78cm

＋編み方ポイント

作り目は、指に糸をかけて作る作り目にします。
肩はメリヤスはぎにします。
袖と袖ぐりは、かぎ針の細編みと鎖編みで編みつなぎます。
衿ぐりは、編んだまま、伏せたままの仕上りです。

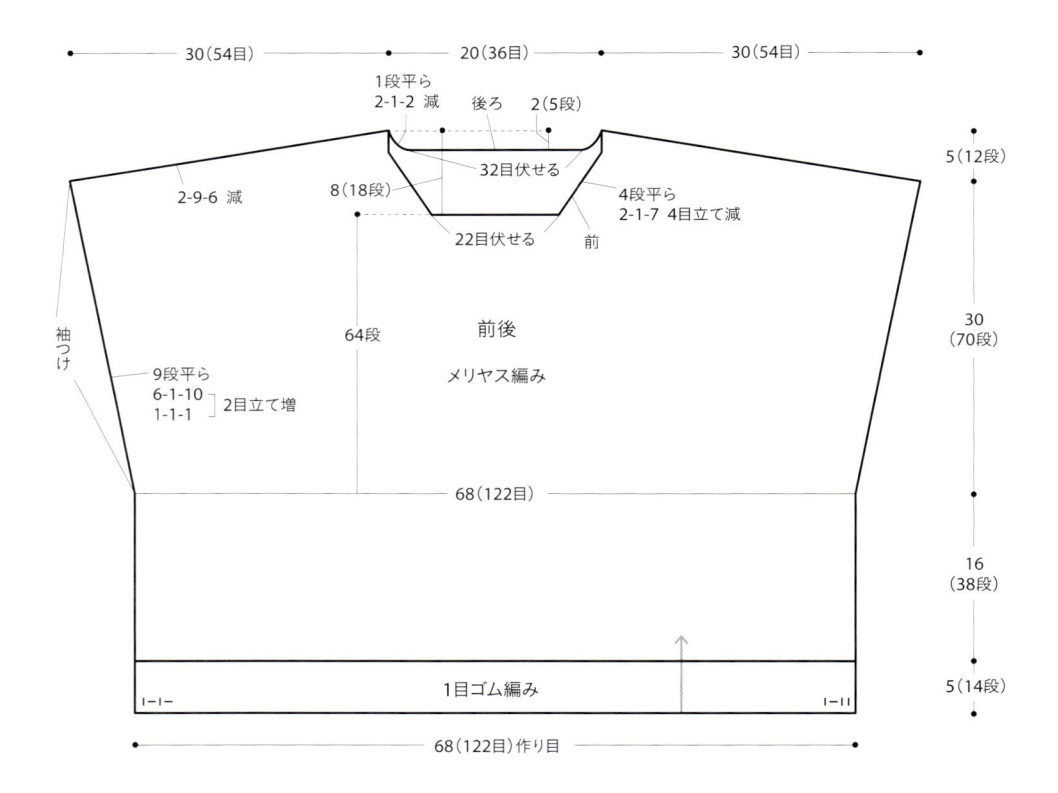

30(54目)　20(36目)　30(54目)

1段平ら
2-1-2 減　後ろ　2(5段)

2-9-6 減　8(18段)　32目伏せる
22目伏せる　前　4段平ら
2-1-7 4段立て減

5(12段)

袖つけ

9段平ら
6-1-10
1-1-1　2目立て増

64段　前後　メリヤス編み

30(70段)

68(122目)

16(38段)

1目ゴム編み

5(14段)

1-1-　　1-1-1

68(122目)作り目

袖 メリヤス編み

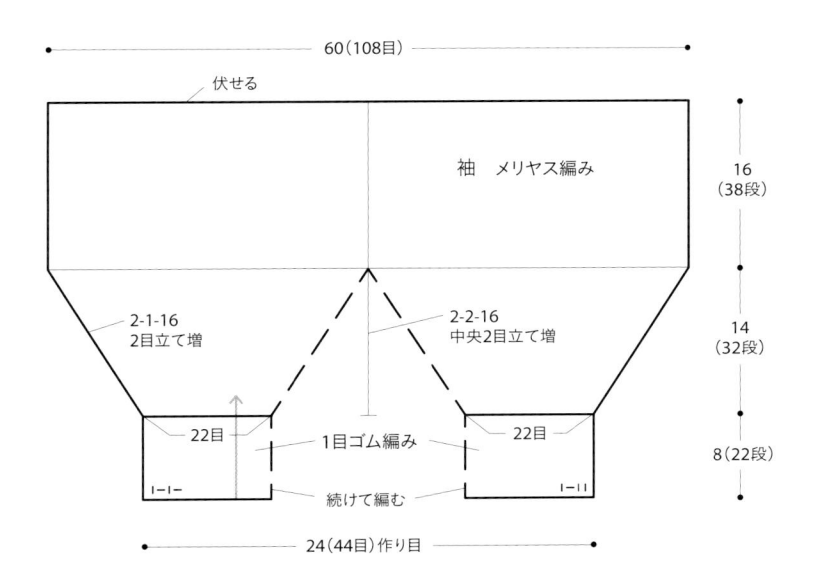

- 60（108目）
- 伏せる
- 2-1-16 2目立て増
- 2-2-16 中央2目立て増
- 22目
- 1目ゴム編み
- 22目
- 続けて編む
- 24（44目）作り目
- 16（38段）
- 14（32段）
- 8（22段）

袖つけの方法

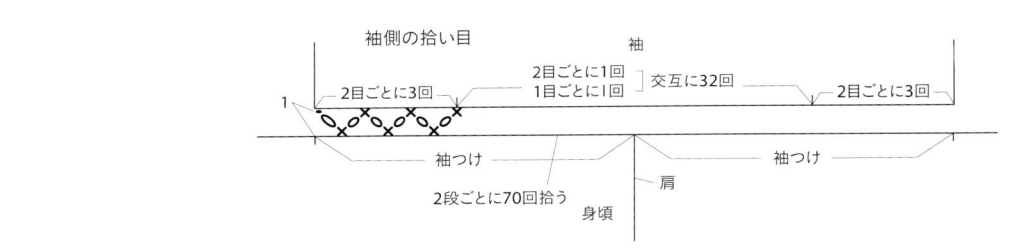

- 袖側の拾い目
- 袖
- 2目ごとに3回
- 2目ごとに1回
- 1目ごとに1回
- 交互に32回
- 2目ごとに3回
- 袖つけ
- 肩
- 袖つけ
- 2段ごとに70回拾う
- 身頃

まとめ

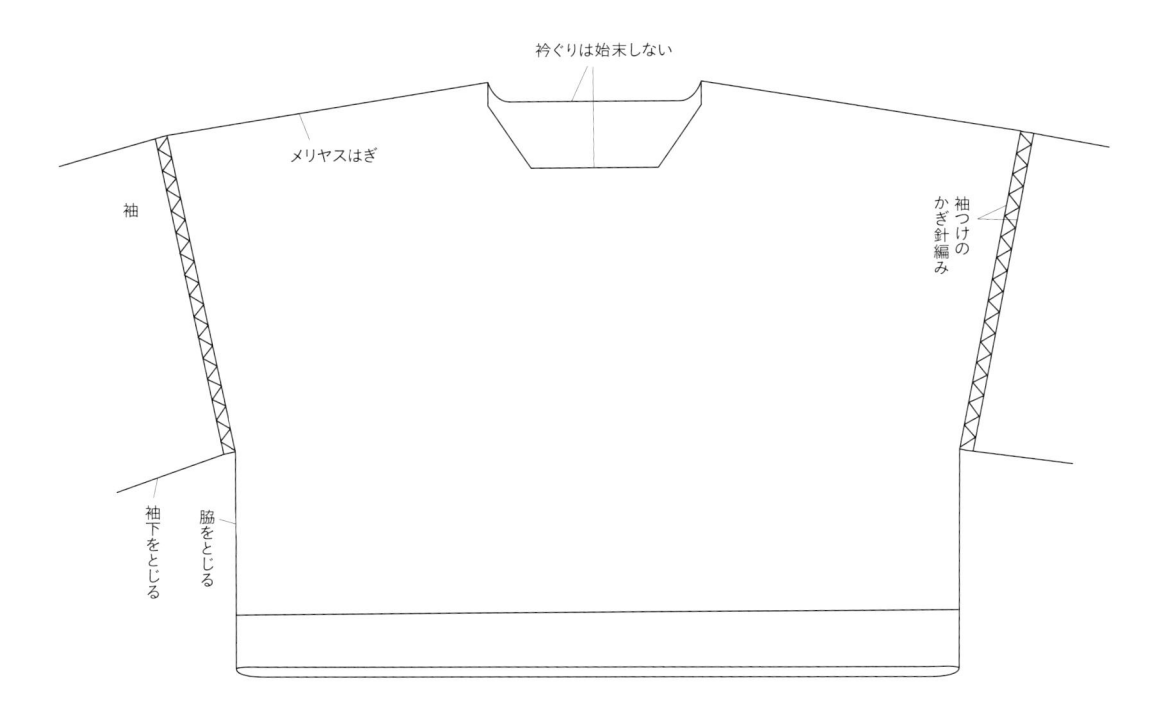

- 衿ぐりは始末しない
- メリヤスはぎ
- 袖
- 袖つけのかぎ針編み
- 袖下をとじる
- 脇をとじる

かかとセーターと靴下 p.18,19

- **糸** セーターは、アルベロの黒白系(8667)300g、ミニスポーツの黒(432)130g、赤(638)20g
  靴下は、アルベロの黒白系50g、ミニスポーツの黒60g、赤20g
- **針** セーターは7号棒針、7/0号かぎ針、靴下は6号棒針
- **ゲージ** セーターは、メリヤス編みでアルベロは14目20段、縞模様は14目21段、靴下は17目26段が10cm四方
- **サイズ** 胸回り96cm、着丈64.5cm、ゆき丈70cm、靴下底丈22cm

✢ 編み方ポイント

作り目は、指に糸をかけて作る作り目にします。
身頃は前裾で作り目をし、前身頃を編んだら衿あきの部分に抜き糸を入れて編んでおき、
続けて後ろ身頃の裾まで編みます。
袖は身頃から拾い目をして編み、途中ひじの部分に引返し編み(ラップアンドターンの方法。
p.39参照)を入れて編みます。
衿ぐりは、抜き糸をほどいて引抜き編みでとめます。
靴下は、つま先から編みます。
別糸の作り目でラップアンドターンの方法で編み、作り目をほどいて目を拾い輪にしてかかとまで編み、
ラップアンドターンでかかとを編んで再び輪にしてはき口まで編みます。
巻止めにします。

★セーター

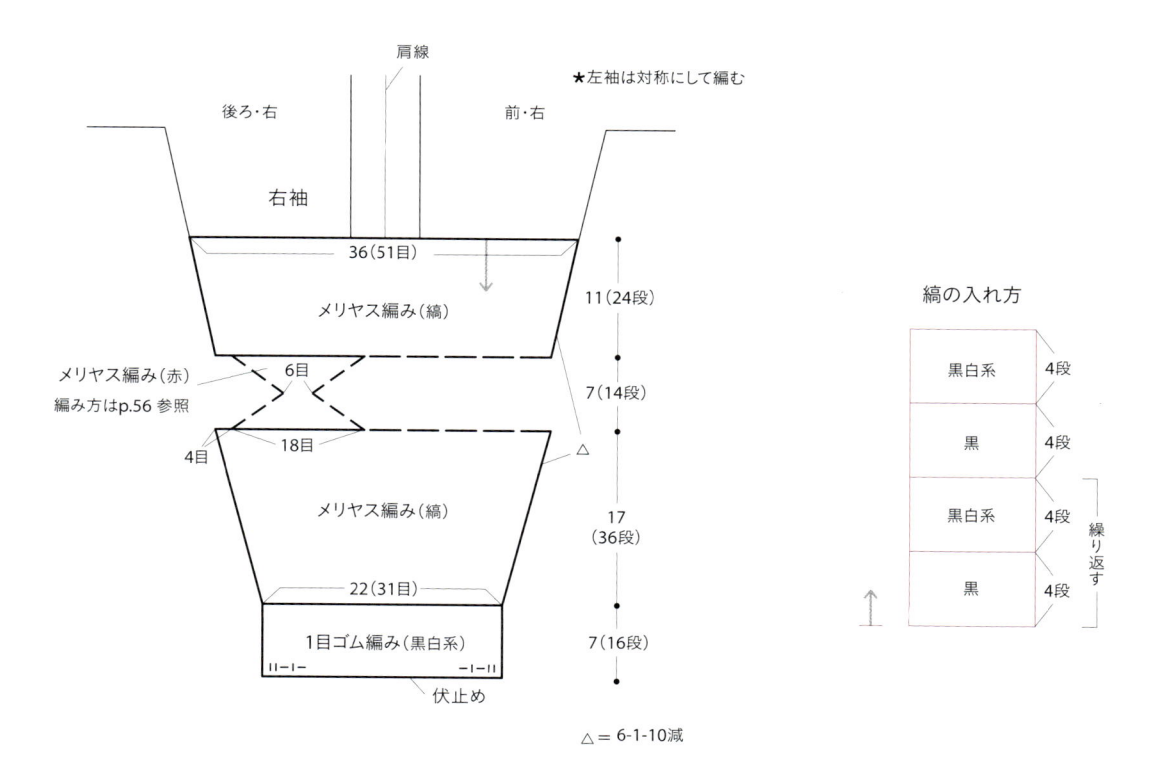

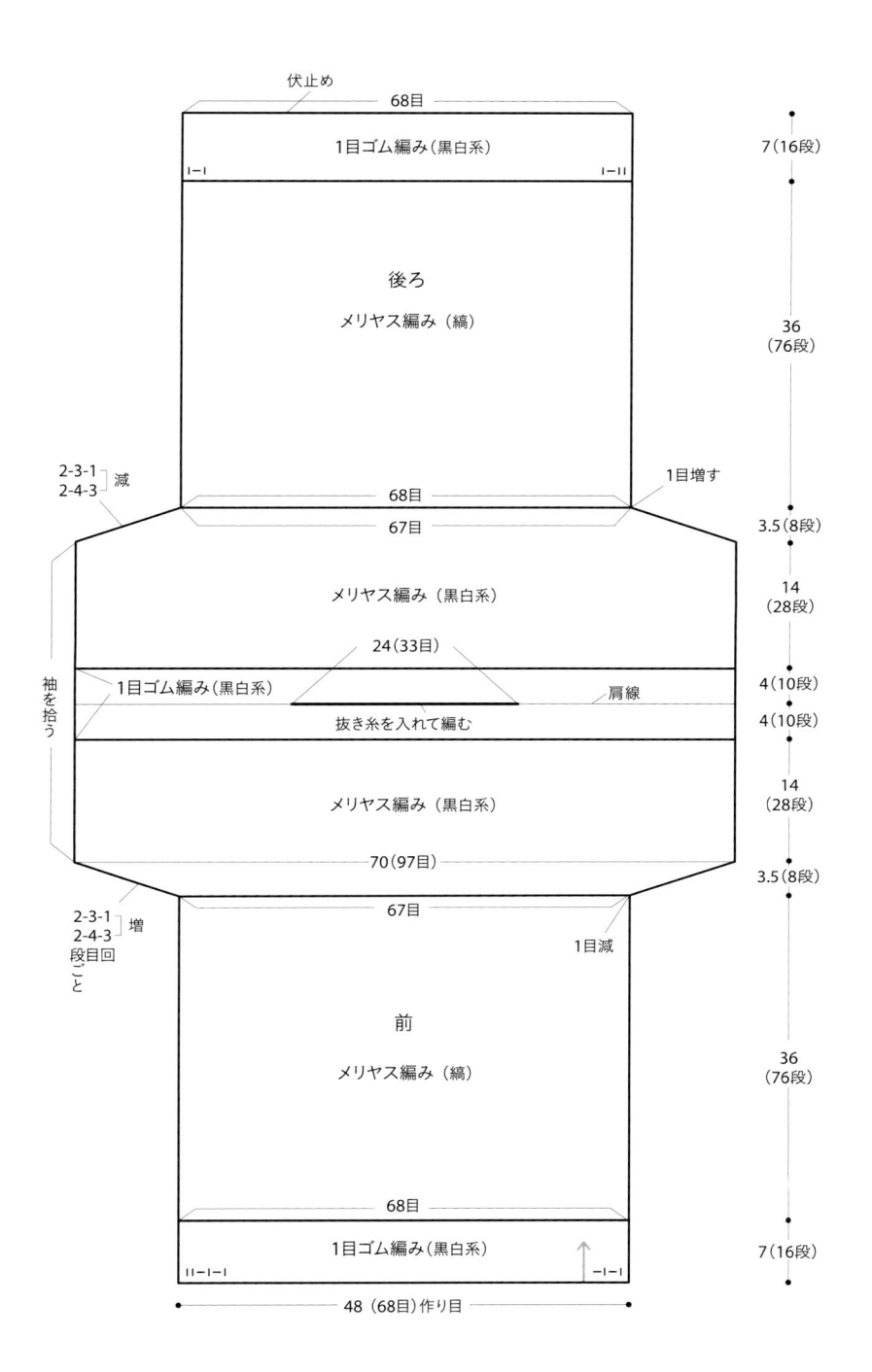

伏止め 68目		
1目ゴム編み(黒白系)		7(16段)
後ろ メリヤス編み(縞)		36 (76段)
2-3-1 減 2-4-3 68目 1目増す 67目		3.5(8段)
メリヤス編み(黒白系)		14 (28段)
袖を拾う 1目ゴム編み(黒白系) 24(33目) 肩線 抜き糸を入れて編む		4(10段) 4(10段)
メリヤス編み(黒白系) 70(97目)		14 (28段)
2-3-1 増 2-4-3 段目回ごと 67目 1目減		3.5(8段)
前 メリヤス編み(縞)		36 (76段)
68目		
1目ゴム編み(黒白系)		7(16段)
48(68目)作り目		

衿ぐりの始末

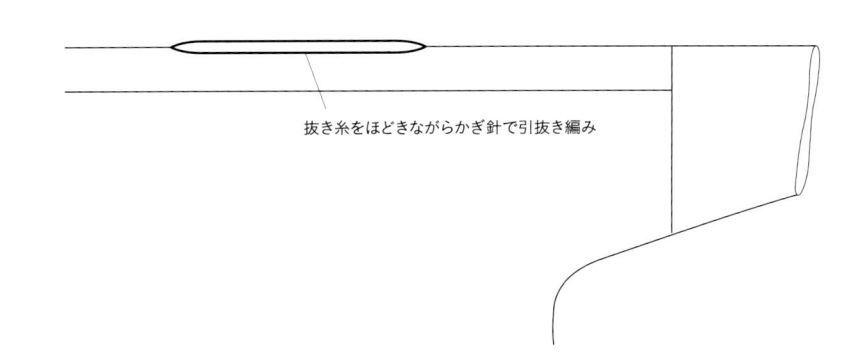

抜き糸をほどきながらかぎ針で引抜き編み

★ソックス

メリヤス編み（縞）
巻止め
足部（縞）
23（60段）
18目拾う
8目
かかと（赤）
8（20段）
18目休める
甲と底（縞）
14（36段）
10.5（18目）　10.5（18目）
8目
つま先（赤）
作り目◎から拾う
8（20段）
←10.5（18目）→
別鎖の作り目＝◎

○V 、V○ ＝ ラップアンドターン

つま先、かかとの引返し編み

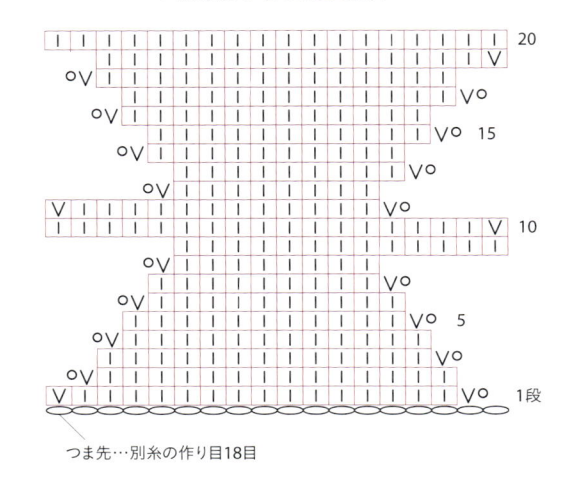

20

15

10

5

1段

つま先…別糸の作り目18目

ひじの引返し編み

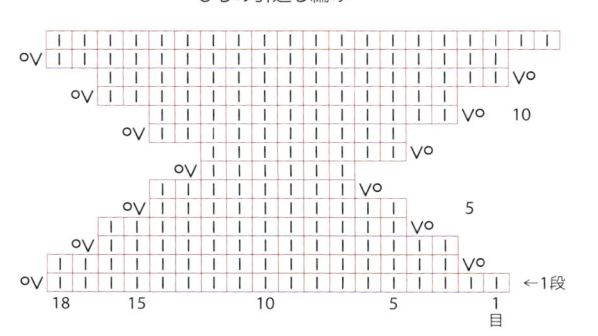

14

10

5

←1段

18　15　10　5　1　目

フェアアイルのカーディガンと帽子、指なしミトン p.20,21

* **糸** カーディガンは、クイーンアニーのミディアムグレー(833)330g、ダークグレー(946)90g、
  白(802)50g、ライトグレー(832)40g、パープル(983)20g、コーラルピンク(974)、ピンク(938)、
  レモン色(105)、ペパーミントグリーン(989)、スモーキーブルー(962)各10g
  帽子は、クイーンアニーのミディアムグレー50g、ダークグレー30g、白、からし色(104)各20g、
  ライトグレー、パープル、レモン色、ペパーミントグリーン、スモーキーブルー各10g
  指なしミトンは、クイーンアニーのミディアムグレー50g、白、ダークグレー各20g、パープル、
  レモン色、ペパーミントグリーン、ライトグレー各少々
* **付属品** 直径1.8cmのスナップ7組み
* **針** カーディガンは7号、6号棒針。帽子、指なしミトンは8号、5号棒針
* **ゲージ** カーディガンの編込み模様22目22段、メリヤス編18目24段、
  帽子と指なしミトンの編込み模様20目22段が10cm四方
* **サイズ** 胸回り102.5cm、着丈56cm、ゆき丈74cm、帽子の頭回り48cm、指なしミトンの丈25.5cm

✚ **編み方ポイント**
フェアアイル模様の図案はp.60,61の編込み模様Cの配色を編込み模様Aの図案はp.59を参照してください。
作り目は、指に糸をかけて作る作り目にします。

★カーディガン

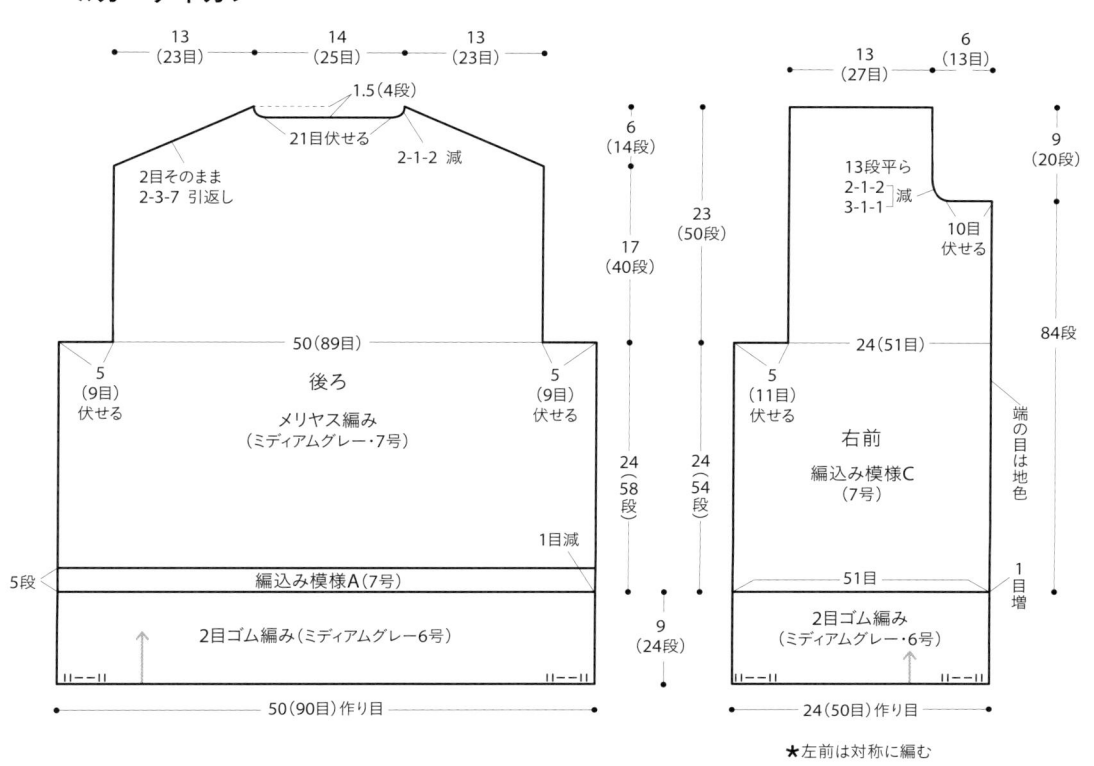

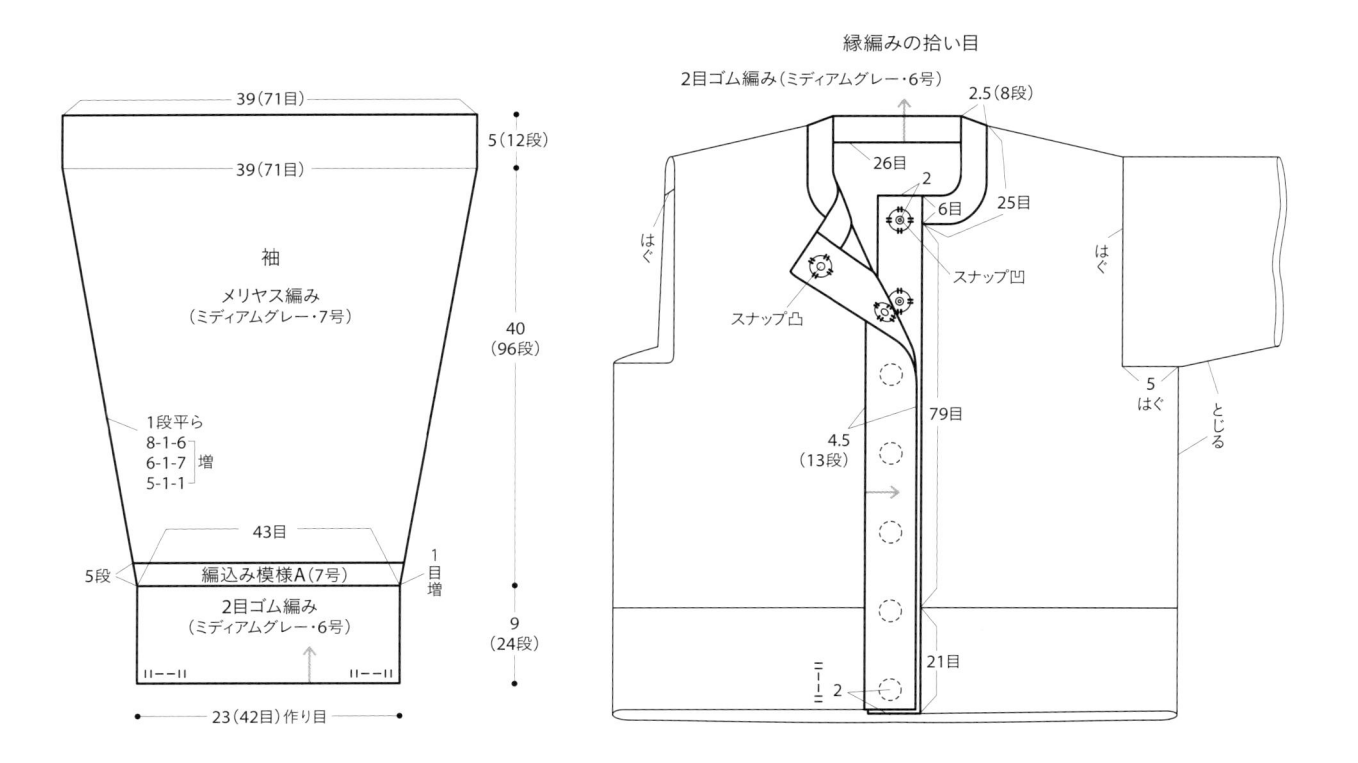

後ろ

- 13（23目）
- 14（25目）
- 13（23目）
- 1.5（4段）
- 21目伏せる
- 2目そのまま 2-3-7 引返し
- 2-1-2 減
- 50（89目）
- 5（9目）伏せる
- 5（9目）伏せる
- 後ろ メリヤス編み（ミディアムグレー・7号）
- 6（14段）
- 17（40段）
- 23（50段）
- 24（58段）
- 24（54段）
- 1目減
- 5段 編込み模様A（7号）
- 2目ゴム編み（ミディアムグレー6号）
- 9（24段）
- 50（90目）作り目

右前

- 13（27目）
- 6（13目）
- 9（20段）
- 13段平ら 2-1-2 3-1-1 減
- 10目伏せる
- 24（51目）
- 5（11目）伏せる
- 右前 編込み模様C（7号）
- 84段
- 端の目は地色
- 51目
- 2目ゴム編み（ミディアムグレー・6号）
- 1目増
- 24（50目）作り目

★左前は対称に編む

袖

- 39（71目）
- 39（71目）
- 5（12段）
- 袖 メリヤス編み（ミディアムグレー・7号）
- 40（96段）
- 1段平ら 8-1-6 6-1-7 増 5-1-1
- 43目
- 5段 編込み模様A（7号）
- 1目増
- 2目ゴム編み（ミディアムグレー・6号）
- 9（24段）
- 23（42目）作り目

縁編みの拾い目

2目ゴム編み（ミディアムグレー・6号）
- 2.5（8段）
- 26目
- 2
- 6目
- 25目
- スナップ凹
- スナップ凸
- はぐ
- はぐ
- とじる
- 5 はぐ
- 4.5（13段）
- 79目
- 21目
- 2

★帽子

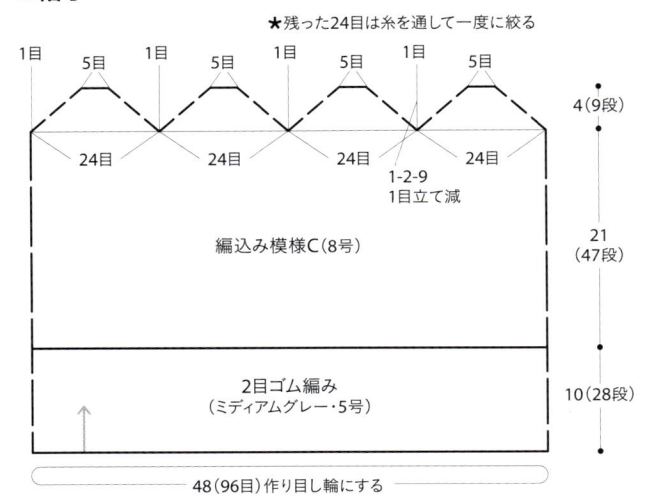

★残った24目は糸を通して一度に絞る

1目 5目 1目 5目 1目 5目 1目 5目

24目 24目 24目 24目

1-2-9
1目立て減

4(9段)

21
(47段)

編込み模様C(8号)

2目ゴム編み
(ミディアムグレー・5号)

10(28段)

48(96目)作り目し輪にする

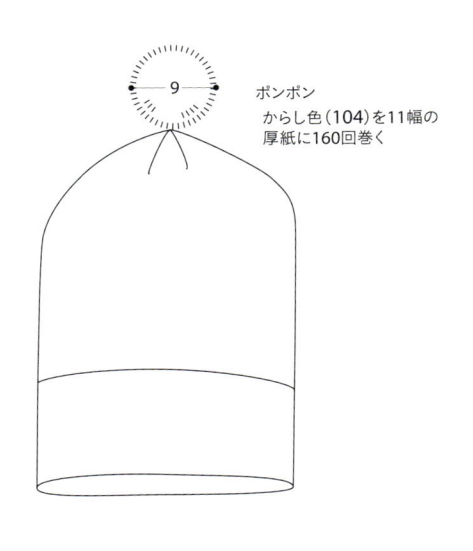

ポンポン
からし色(104)を11幅の
厚紙に160回巻く

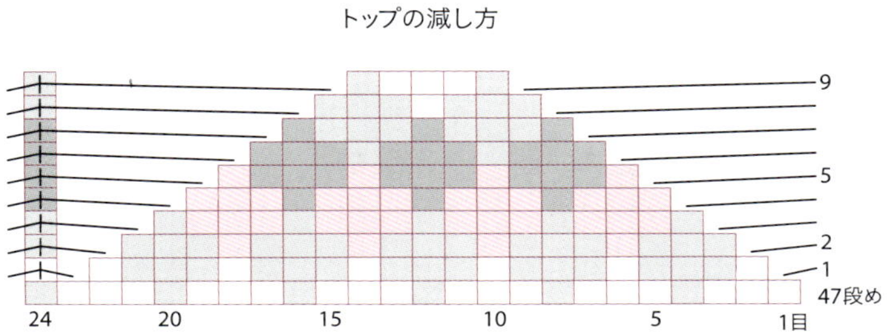

9

トップの減し方

9
5
2
1
47段め

24 20 15 10 5 1目

★指なしミトン

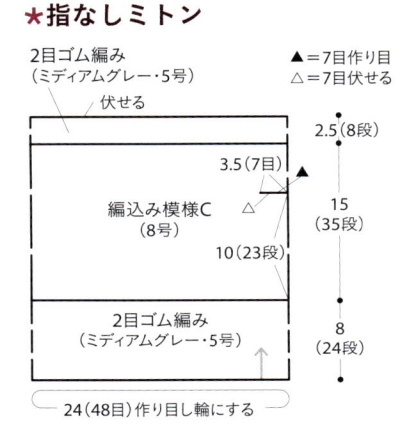

2目ゴム編み
(ミディアムグレー・5号)
伏せる

▲=7目作り目
△=7目伏せる

2.5(8段)

3.5(7目)

編込み模様C
(8号)

15
(35段)

10(23段)

2目ゴム編み
(ミディアムグレー・5号)

8
(24段)

24(48目)作り目し輪にする

フェアアイルのベストと帽子 p.22,23

- **★ 糸** ベストは、クイーンアニーのベージュ(812)130g、グリーン(935)120g、モスグリーン(853)40g、ネイビー(828)、ブルー(111)各30g、レモン色(105)20g、青緑(986)、オレンジ色(988)各10g
帽子は、クイーンアニーのグリーン、ベージュ各40g、ネイビー、ブルー、モスグリーン各10g、レモン色、オレンジ色、青緑各少々
- **★ 針** ベストは7号、6号棒針、帽子は8号、5号4本棒針
- **★ ゲージ** ベストの編込み模様22目22段、メリヤス編22目26段、帽子の編込み模様20目22段が10cm四方
- **★ サイズ** 胸回り90cm、着丈56cm、帽子の頭回り48cm

+ 編み方ポイント
フェアアイル模様の図案はp.60,61の編込み模様Bの配色を参照してください。
作り目は、指に糸をかけて作る作り目にします。

★ベスト

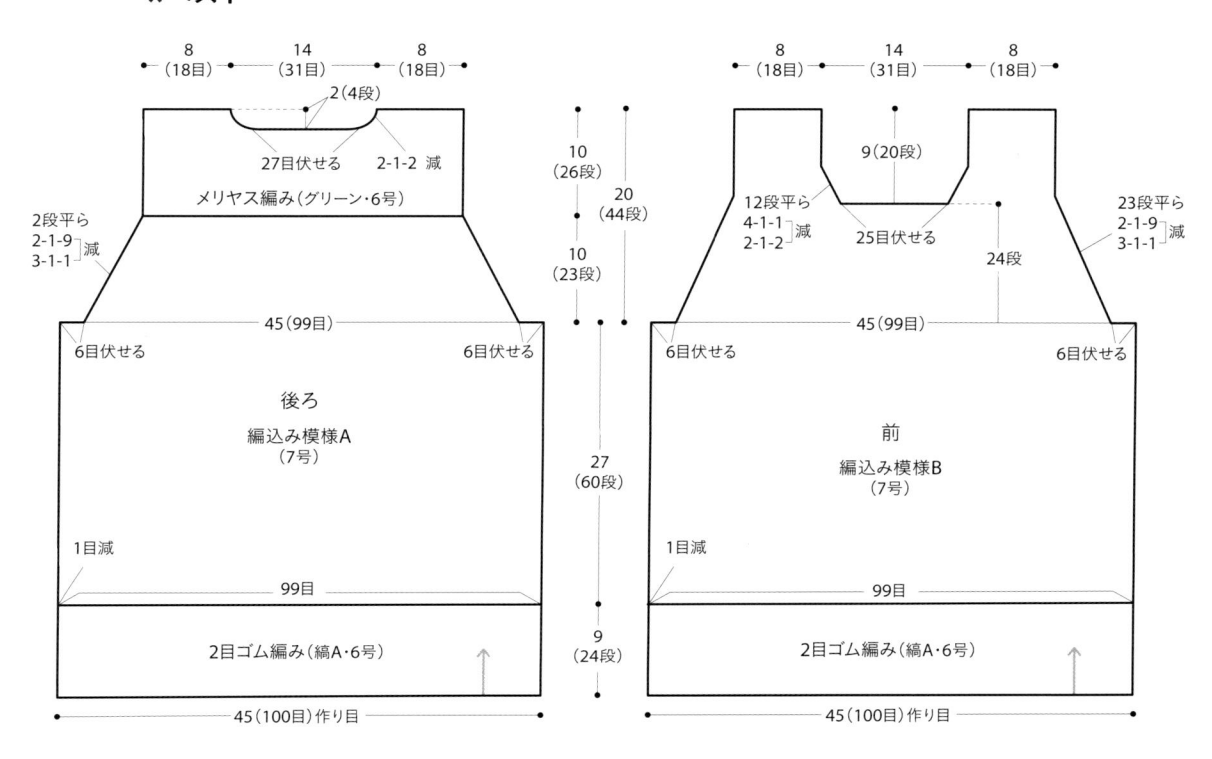

後ろ
- 8(18目) / 14(31目) / 8(18目)
- 2(4段)
- 27目伏せる　2-1-2 減
- メリヤス編み（グリーン・6号）
- 2段平ら 2-1-9 3-1-1 減
- 6目伏せる
- 編込み模様A（7号）
- 45(99目)
- 1目減
- 99目
- 2目ゴム編み（縞A・6号）
- 45(100目)作り目

前
- 8(18目) / 14(31目) / 8(18目)
- 9(20段)
- 12段平ら 4-1-1 2-1-2 減
- 25目伏せる
- 24段
- 23段平ら 2-1-9 3-1-1 減
- 6目伏せる
- 編込み模様B（7号）
- 45(99目)
- 1目減
- 99目
- 2目ゴム編み（縞A・6号）
- 45(100目)作り目

中央寸法:
- 10(26段)
- 20(44段)
- 10(23段)
- 27(60段)
- 9(24段)

縁編みの拾い目
- はぐ
- 伏せる
- 2目ゴム編み（縞B） 2.5(8段)
- 30目
- 20目 / 20目
- 26目
- 2目ゴム編み（グリーン） 2.5(8段)
- 前後で88目拾う
- 伏せる
- とじる

配色
カーディガン
- □ … 地色（ミディアムグレー・833）
- ● … 配色（白・802）

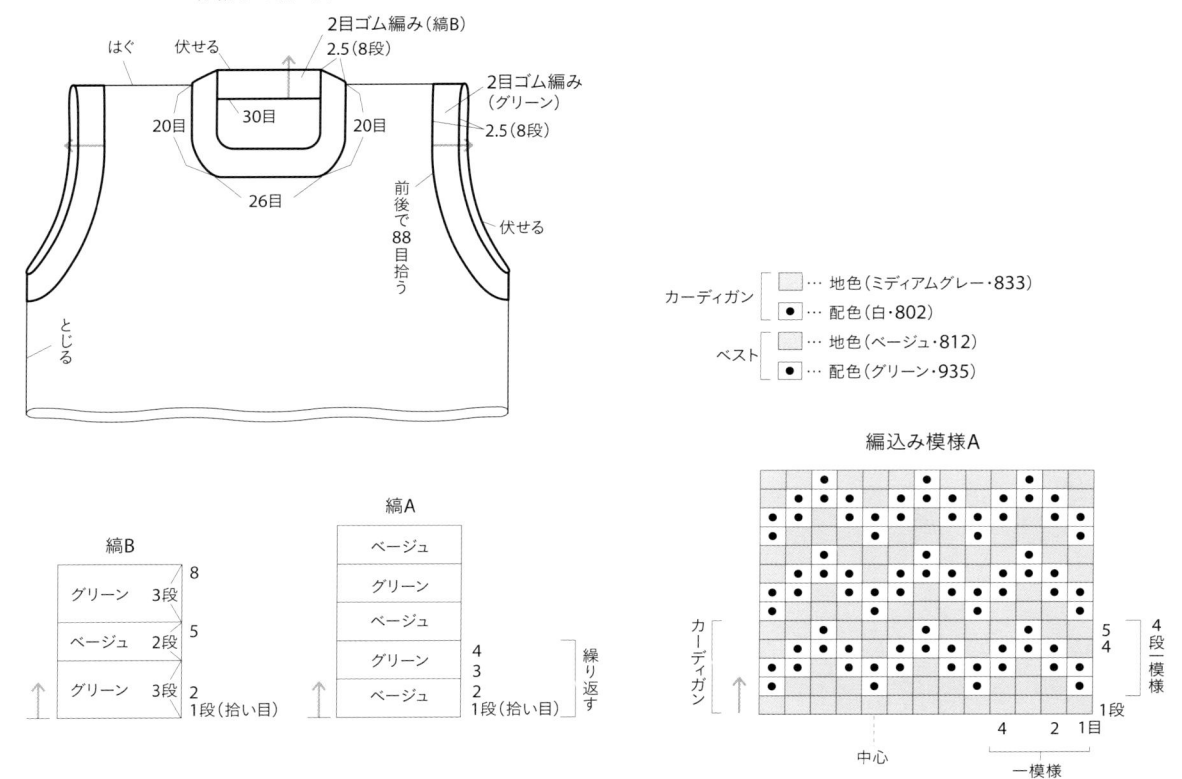

ベスト
- □ … 地色（ベージュ・812）
- ● … 配色（グリーン・935）

縞B
グリーン 3段	8
ベージュ 2段	5
グリーン 3段	2
	1段(拾い目)

縞A
ベージュ	
グリーン	
ベージュ	
グリーン	4 / 3
ベージュ	2 / 1段(拾い目)

繰り返す

編込み模様A
- カーディガン
- 4段一模様
- 5 / 4 / 1段
- 中心
- 4 2 1目
- 一模様

59

v帽子

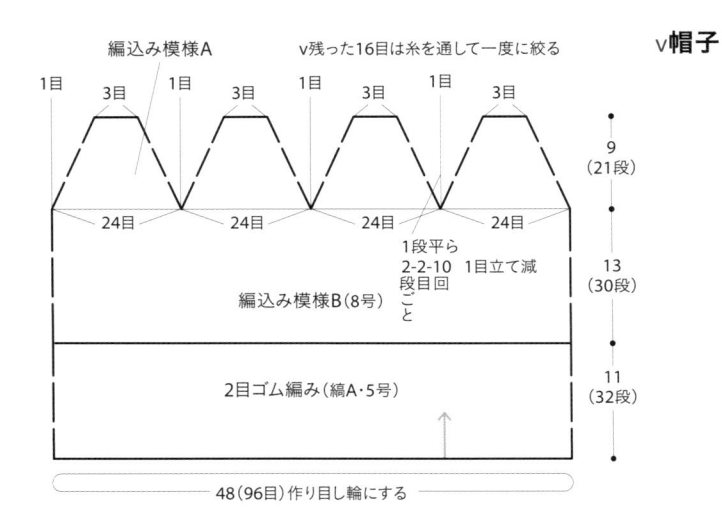

- 編込み模様A
- 1目 3目 1目 3目 1目 3目 1目 3目
- v残った16目は糸を通して一度に絞る
- 24目 24目 24目 24目
- 9(21段)
- 1段平ら 2-2-10 段目回 ごと 1目立て減
- 編込み模様B(8号)
- 13(30段)
- 2目ゴム編み(縞A・5号)
- 11(32段)
- 48(96目)作り目し輪にする

ポンポン

- 厚紙
- 11
- 828 ┐ 3本を
- 105 ├ 引きそろえて
- 111 ┘ 55回巻く
- カットする
- 中央をしばる

トップの減し方

- □ … 地色(ベージュ・812)
- ● … 配色(グリーン・935)

1目 / 3目 / 21 / 20 / 15 / 10 / 5 / 2 / 1段 ←編込み模様B 30段め
24 20 15 10 5 1目

編込み模様の図案

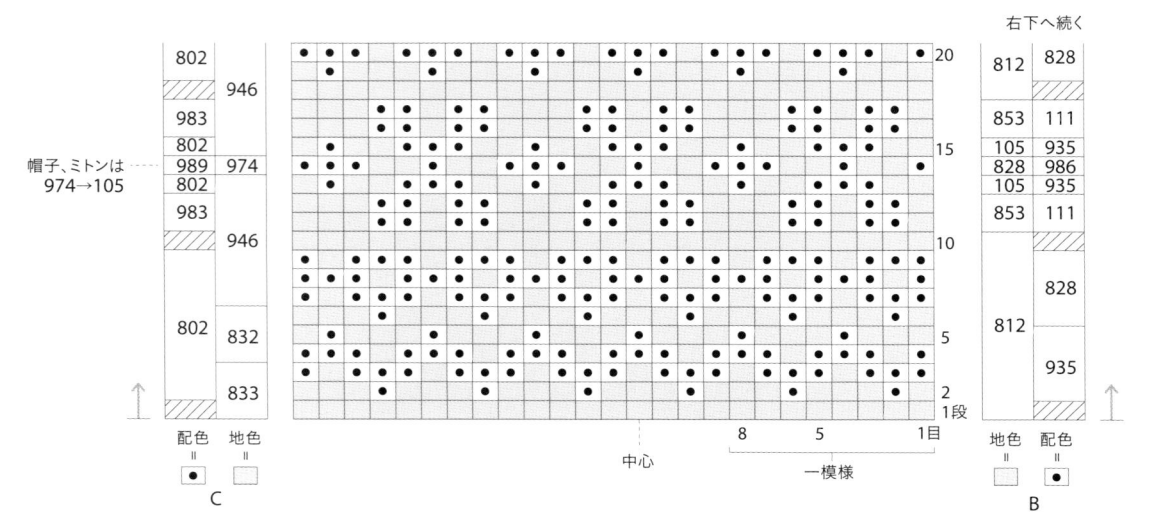

- ▨ … 配色はなし
- ▩ … 配色の模様はなし(B配色とC配色では異なる)

帽子、ミトンは 974→105

C: 配色● 地色□
B: 地色□ 配色●

802 / 946 / 983 / 802 / 989 974 / 802 / 983 / 946 / 802 832 / 833
右下へ続く
812 828 / 853 111 / 105 935 / 828 986 / 105 935 / 853 111 / 828 / 812 935

20 / 15 / 10 / 5 / 2 / 1段
8 5 1目 中心 一模様

60

編込み模様の図案

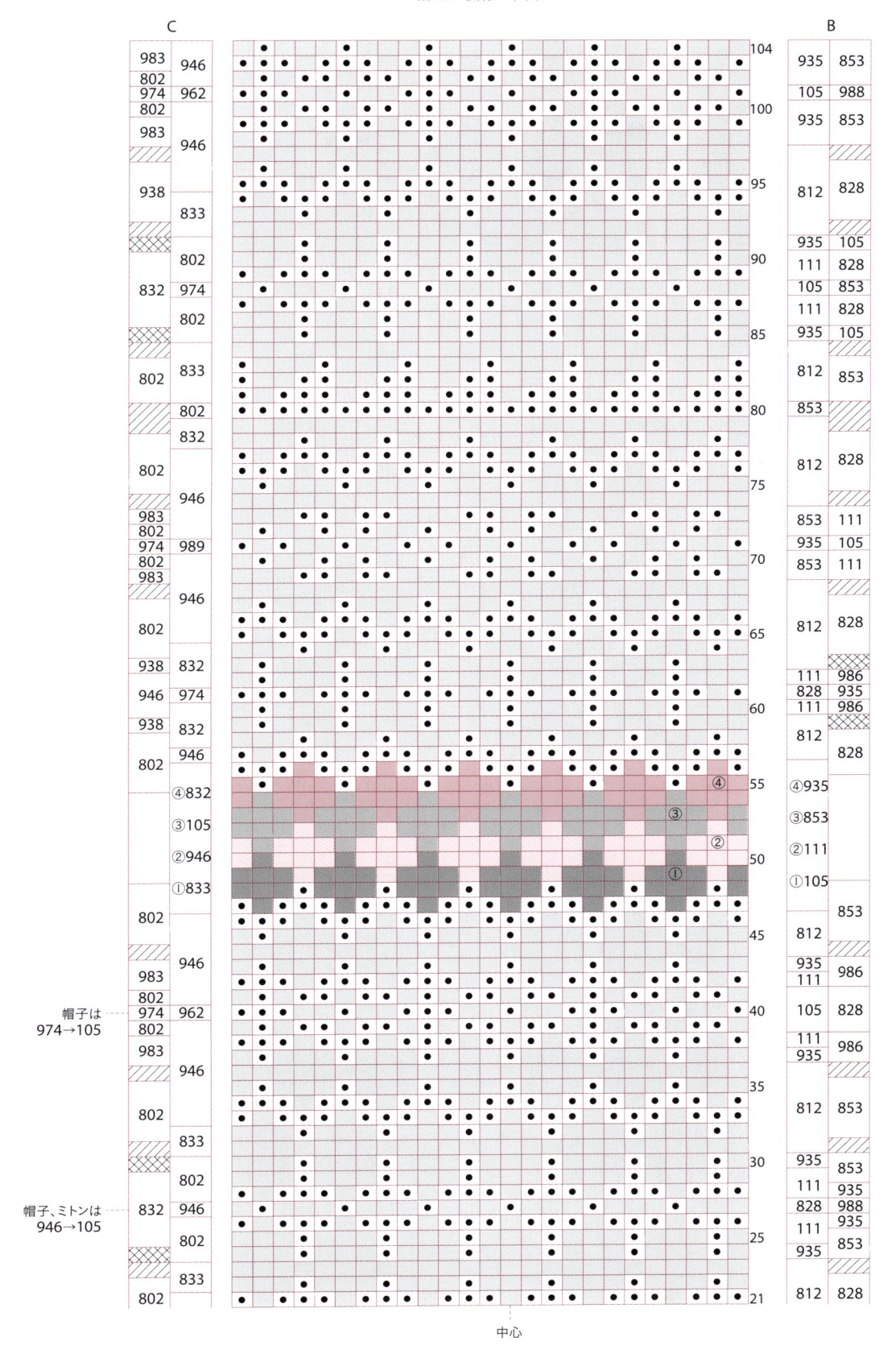

中心

帽子は 974→105

帽子、ミトンは 946→105

ガンジーの tablier p.24,25

- ★ 糸　　　　ポットナートのネイビー(109) 510g
- ★ 付属品　　直径1.4cmのボタン4個
- ★ 針　　　　7号、6号棒針、7/0号かぎ針
- ★ ゲージ　　17.5目26段が10cm四方
- ★ サイズ　　胸回り125cm、着丈66cm、袖丈51cm

✚ 編み方ポイント

作り目は、指に糸をかけて作る作り目にします。
裾のガーター編みと袖口の2目ゴム編みは6号、他は7号棒針で編みます。
衿ぐりはかぎ針で細編み2段編みます。
2段めには鎖編みでボタン穴を作ります。
脇をとじてから、ポケットをのせ、周囲をとじます。

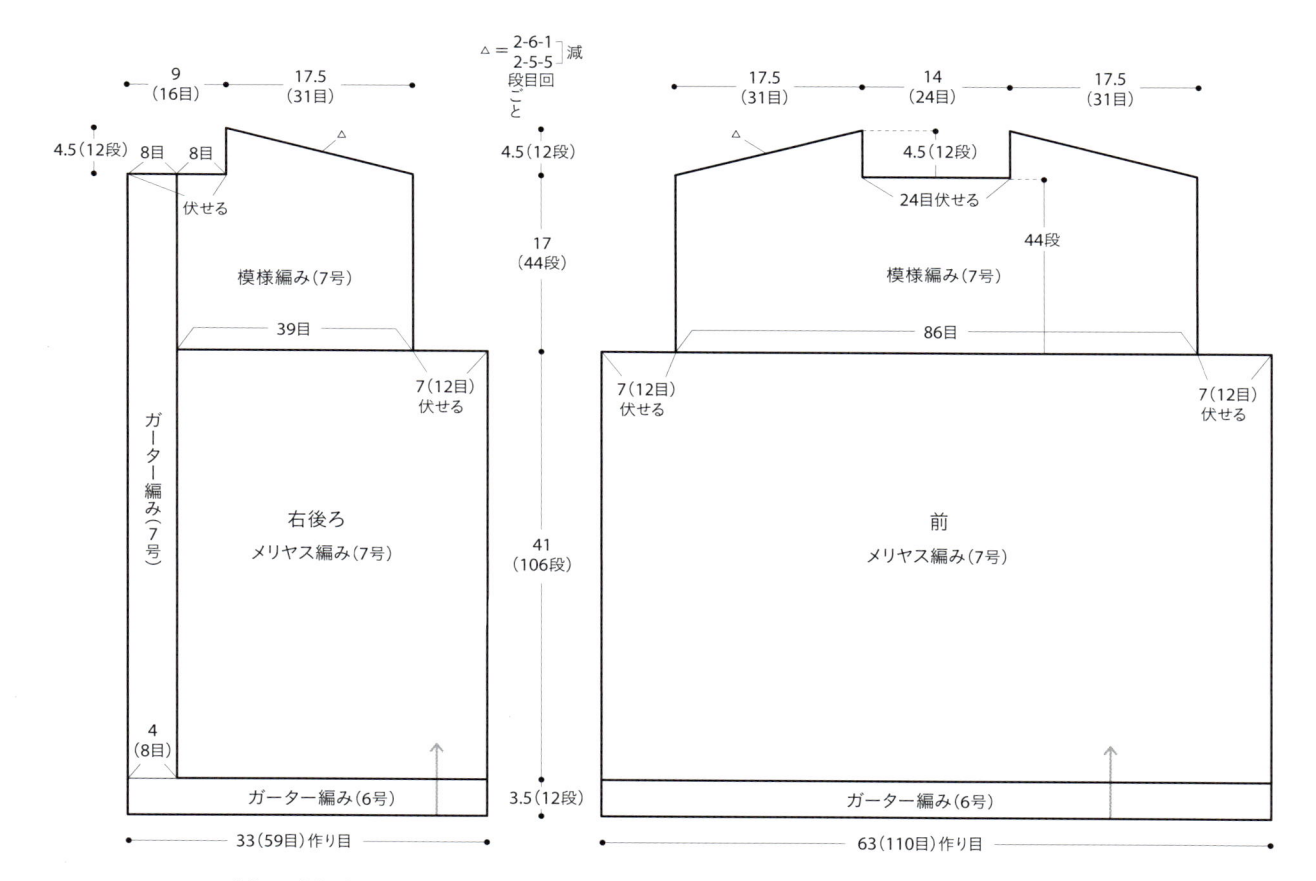

★左後ろは対称に編む

袖

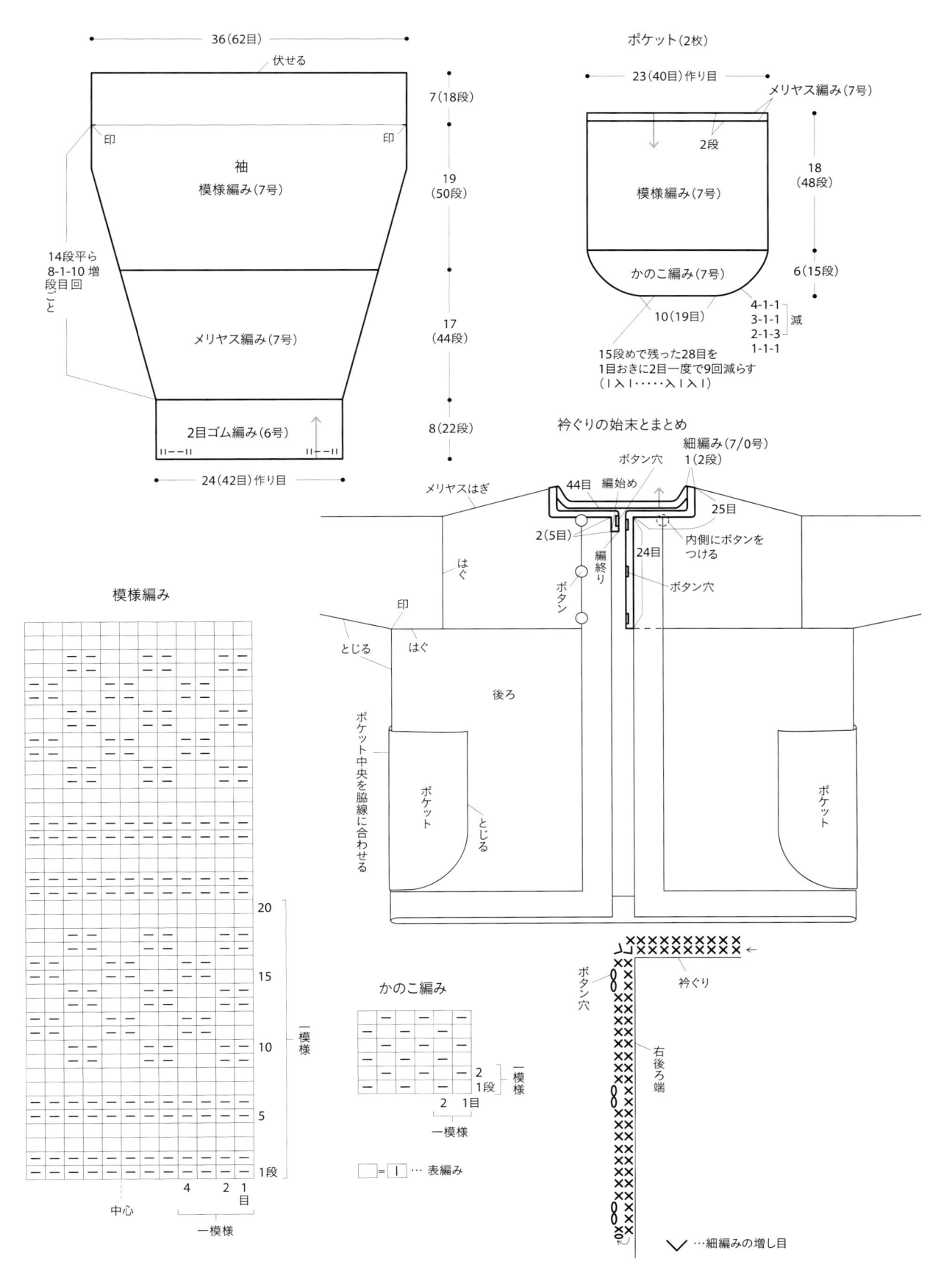

- 36(62目) 伏せる
- 7(18段)
- 印 — 印
- 袖 模様編み(7号)
- 19(50段)
- 14段平ら 8-1-10 増 段目ごと 回
- メリヤス編み(7号)
- 17(44段)
- 2目ゴム編み(6号)
- 8(22段)
- 24(42目)作り目

ポケット(2枚)

- 23(40目)作り目
- メリヤス編み(7号)
- 2段
- 模様編み(7号)
- 18(48段)
- かのこ編み(7号)
- 10(19目)
- 6(15段)
- 4-1-1
- 3-1-1
- 2-1-3 減
- 1-1-1
- 15段めで残った28目を1目おきに2目一度で9回減らす
- (1人‥‥‥人1人1)

衿ぐりの始末とまとめ

- メリヤスはぎ
- 細編み(7/0号) 1(2段)
- 44目 編始め
- 2(5目)
- 25目
- ボタン穴
- 内側にボタンをつける
- 編終り
- 24目
- ボタン
- ボタン穴
- はぐ
- 印
- とじる
- はぐ
- 後ろ
- ポケット中央を脇線に合わせる
- ポケット
- とじる
- ポケット

模様編み

- 20
- 15
- 一模様
- 10
- 5
- 1段
- 4 2 1目
- 中心
- 一模様

かのこ編み

- 2段 一模様
- 1段
- 2 1目
- 一模様
- □ = | … 表編み

衿ぐり
ボタン穴
右後ろ端

∨ …細編みの増し目

リブリブベスト p.28

- **★糸** ブリティッシュファインの紺(003)130g、グレー(010)110g(それぞれ2本どり)
- **★針** 8号棒針
- **★ゲージ** 1目ゴム編み23目25段が10cm四方
- **★サイズ** 着丈49cm

✚ 編み方ポイント

糸はそれぞれ2本どりにして、すべて1目ゴム編みで編みます。
作り目は、指に糸をかけて作る作り目にします。
各パーツをそれぞれ編んでからすくいとじでまとめます。

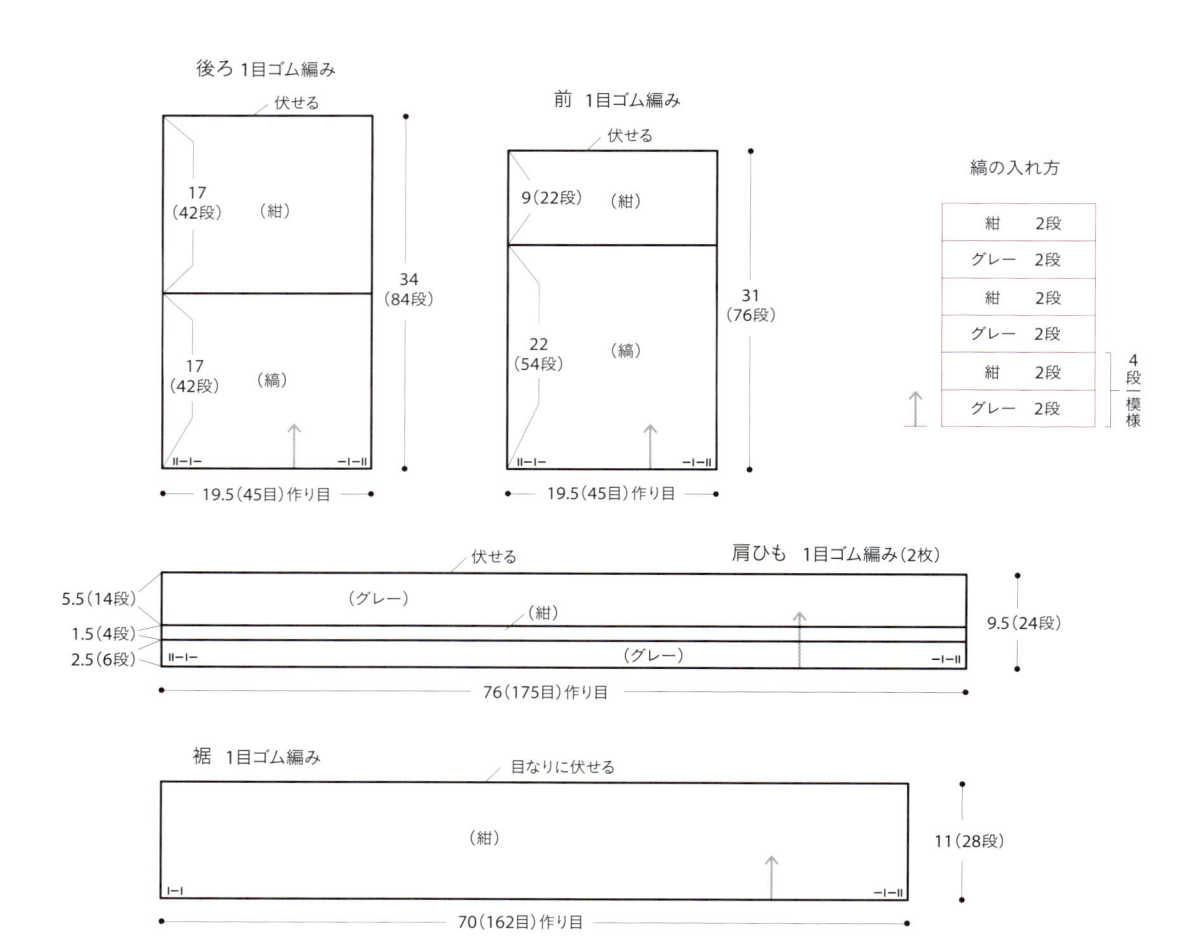

後ろ 1目ゴム編み

伏せる
17(42段)(紺)
34(84段)
17(42段)(縞)
19.5(45目)作り目

前 1目ゴム編み

伏せる
9(22段)(紺)
31(76段)
22(54段)(縞)
19.5(45目)作り目

縞の入れ方

紺	2段
グレー	2段
紺	2段
グレー	2段
紺	2段
グレー	2段

4段1模様

肩ひも 1目ゴム編み(2枚)

伏せる
5.5(14段)(グレー)
1.5(4段)(紺)
2.5(6段)(グレー)
9.5(24段)
76(175目)作り目

裾 1目ゴム編み

目なりに伏せる
(紺)
11(28段)
70(162目)作り目

まとめ

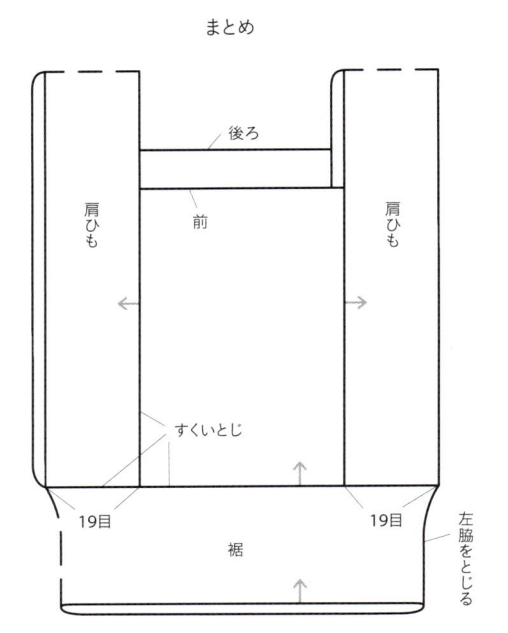

後ろ
前
肩ひも
肩ひも
すくいとじ
19目
19目
裾
左脇をとじる

苺のストール p.26,27

- ★ 糸　　クイーンアニーの白(802) 290g
- ★ 針　　8/0号かぎ針
- ★ ゲージ　5ネット10段が10cm四方
- ★ サイズ　幅130cm、高さ62cm

＋ 編み方ポイント

幅の広い部分から作り目をして編んでいきます。
縁編みは本体の編終りから続けて編みます。

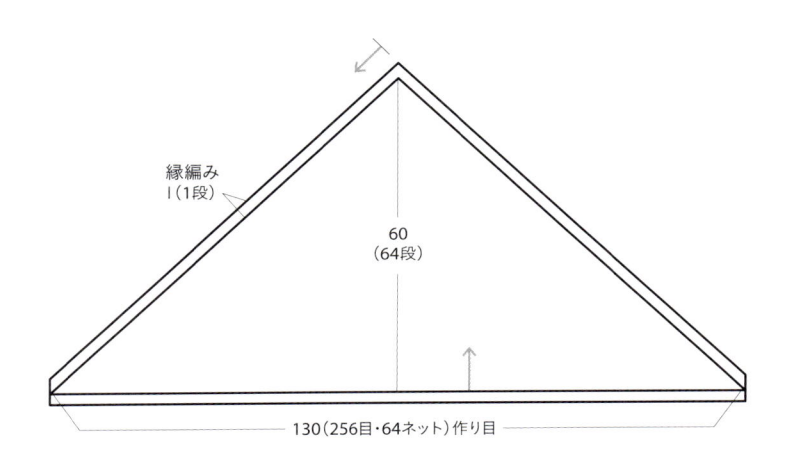

縁編み
1(1段)
60
(64段)
130(256目・64ネット)作り目

縁編み

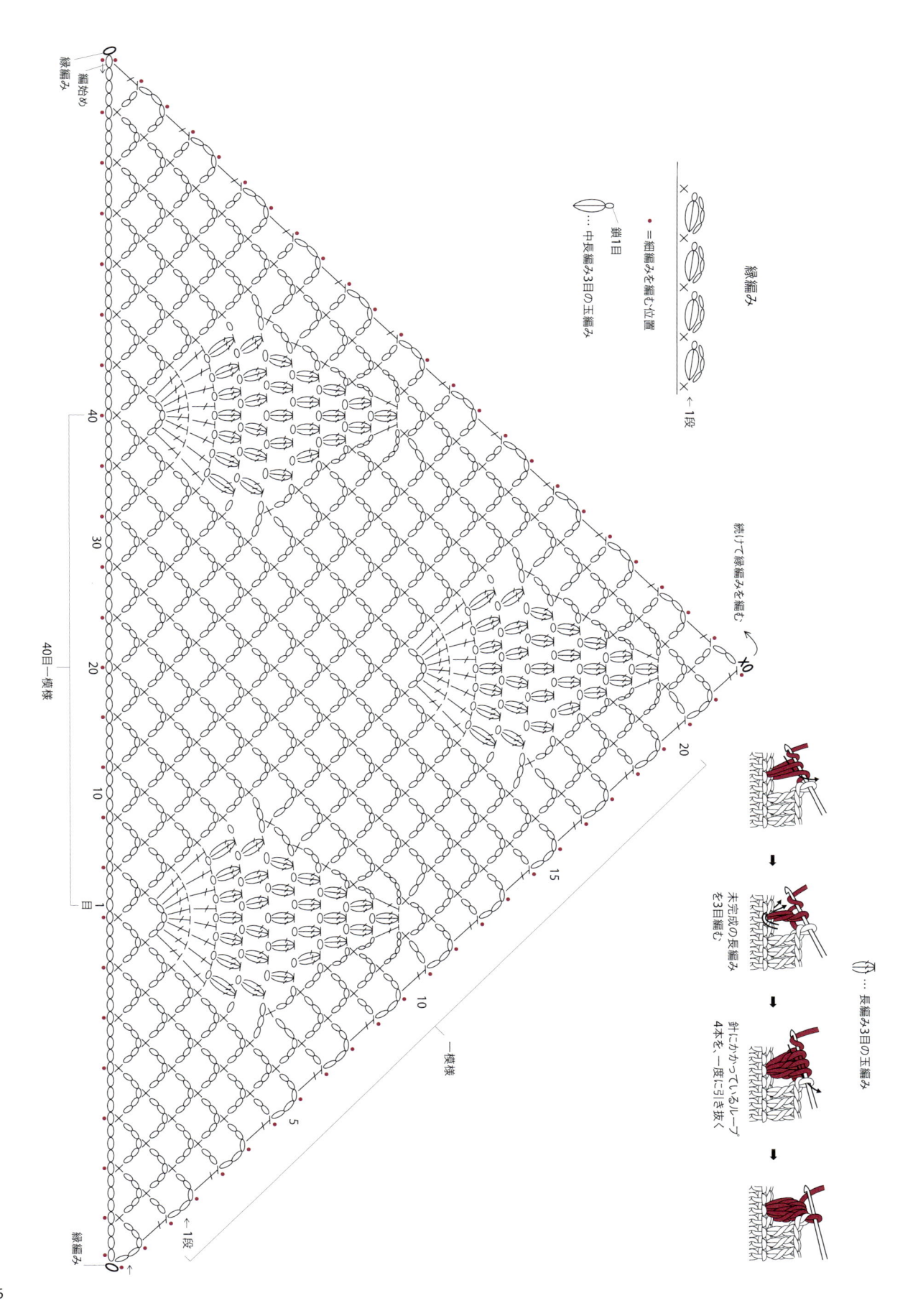

× × × × = 細編みを編む位置
鎖1目
⬭ …中長編み3目の玉編み

← 1段

続けて縁編みを編む

⌇ …長編み3目の玉編み

未完成の長編みを3目編む

針にかかっているループ4本を、一度に引き抜く

縁始め　縁編み

40目1模様

1模様

← 1段　縁編み

こぶたくんのセーター p.32,33

- **糸** ソフトドネガルの薄いグレー(5229)470g、クイーンアニーの黄色(892)、黄緑(957)、薄茶色(991)、ペパーミントグリーン(989)、グリーン(935)、くすんだ青(951)各少々
- **針** 9号、8号、7号棒針
- **ゲージ** 裏メリヤス編み14目22段、模様編みB15目22段が10cm四方
- **サイズ** 胸回り120cm、着丈59cm、ゆき丈74cm

✚ 編み方ポイント

作り目は、指に糸をかけて作る作り目にします。
裾はねじり1目ゴム編みですが、表から編む表目だけをねじります。
前身頃だけに模様編みA(木と枝の模様)を編み、
後でクイーンアニー2本どりでレゼーデージー・ステッチを適宜刺します。

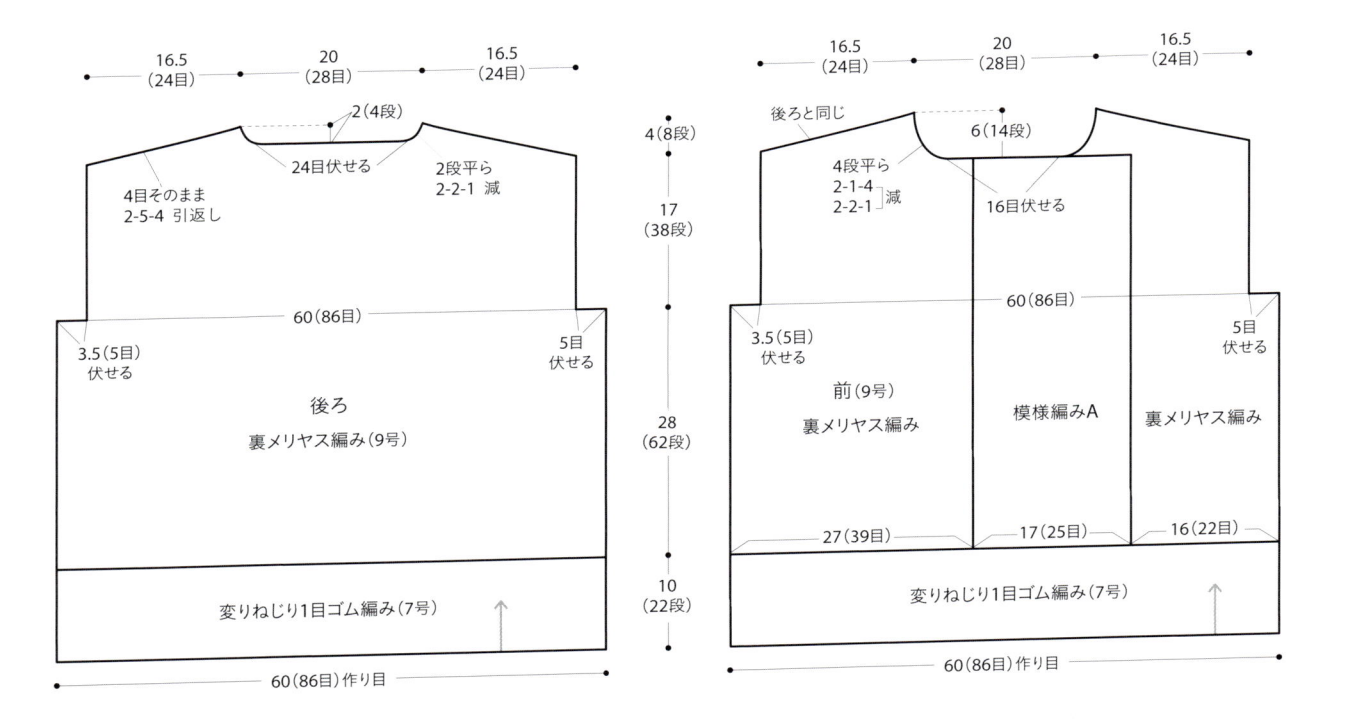

後ろ
- 16.5 (24目) / 20 (28目) / 16.5 (24目)
- 2(4段) 24目伏せる
- 4目そのまま 2-5-4 引返し
- 2段平ら 2-2-1 減
- 60(86目)
- 3.5(5目) 伏せる / 5目 伏せる
- 後ろ 裏メリヤス編み(9号)
- 変りねじり1目ゴム編み(7号)
- 60(86目)作り目

前
- 16.5 (24目) / 20 (28目) / 16.5 (24目)
- 後ろと同じ
- 4(8段) / 17(38段) / 28(62段) / 10(22段)
- 4段平ら 2-1-4 2-2-1 減
- 6(14段) 16目伏せる
- 60(86目)
- 3.5(5目) 伏せる / 5目 伏せる
- 前(9号) 裏メリヤス編み / 模様編みA / 裏メリヤス編み
- 27(39目) / 17(25目) / 16(22目)
- 変りねじり1目ゴム編み(7号)
- 60(86目)作り目

模様編みB

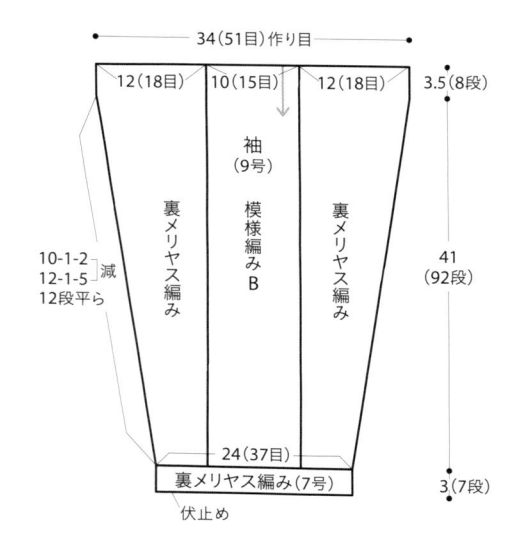

34(51目)作り目

12(18目) 10(15目) 12(18目)

3.5(8段)

袖(9号)

裏メリヤス編み　模様編みB　裏メリヤス編み

10-1-2
12-1-5　減
12段平ら

41(92段)

24(37目)

裏メリヤス編み(7号)

3(7段)

伏止め

8段1模様(8回繰り返す)

□ = ─ … 裏編み

1段(作り目)

前身頃の刺繍位置

レゼーデージー・ステッチ

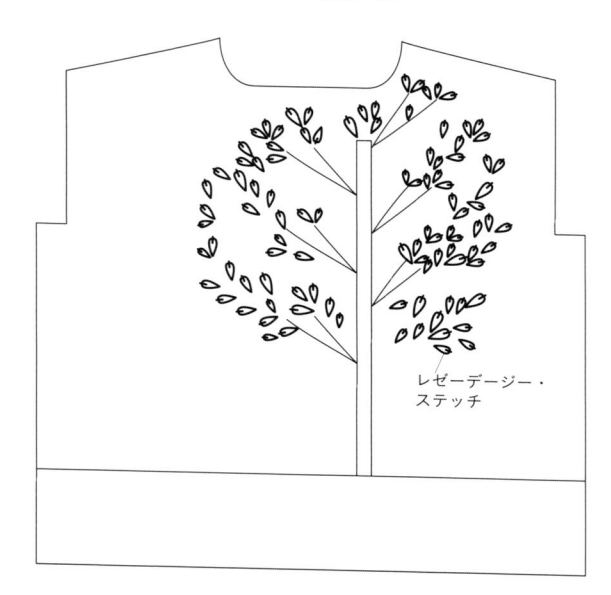

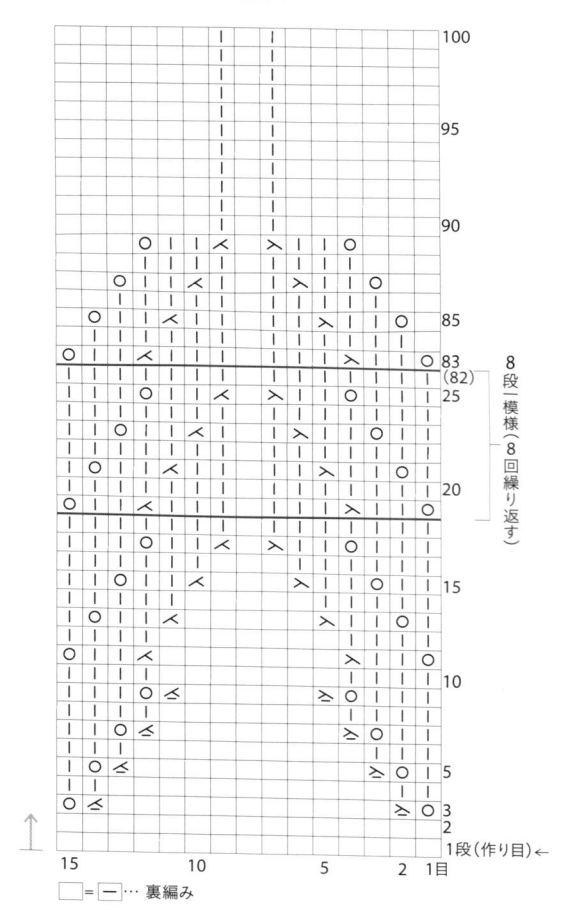

レゼーデージー・ステッチ

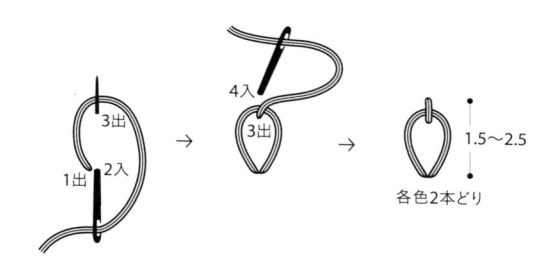

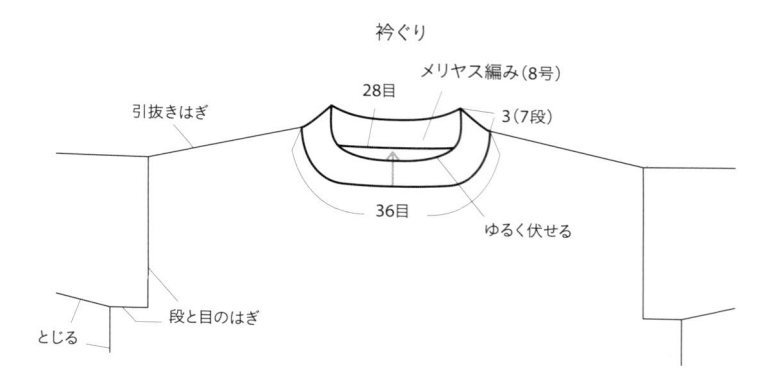

1出　2入　3出　4入　3出

1.5〜2.5

各色2本どり

衿ぐり

メリヤス編み(8号)

28目　3(7段)

36目

ゆるく伏せる

引抜きはぎ

段と目のはぎ

とじる

模様編みA

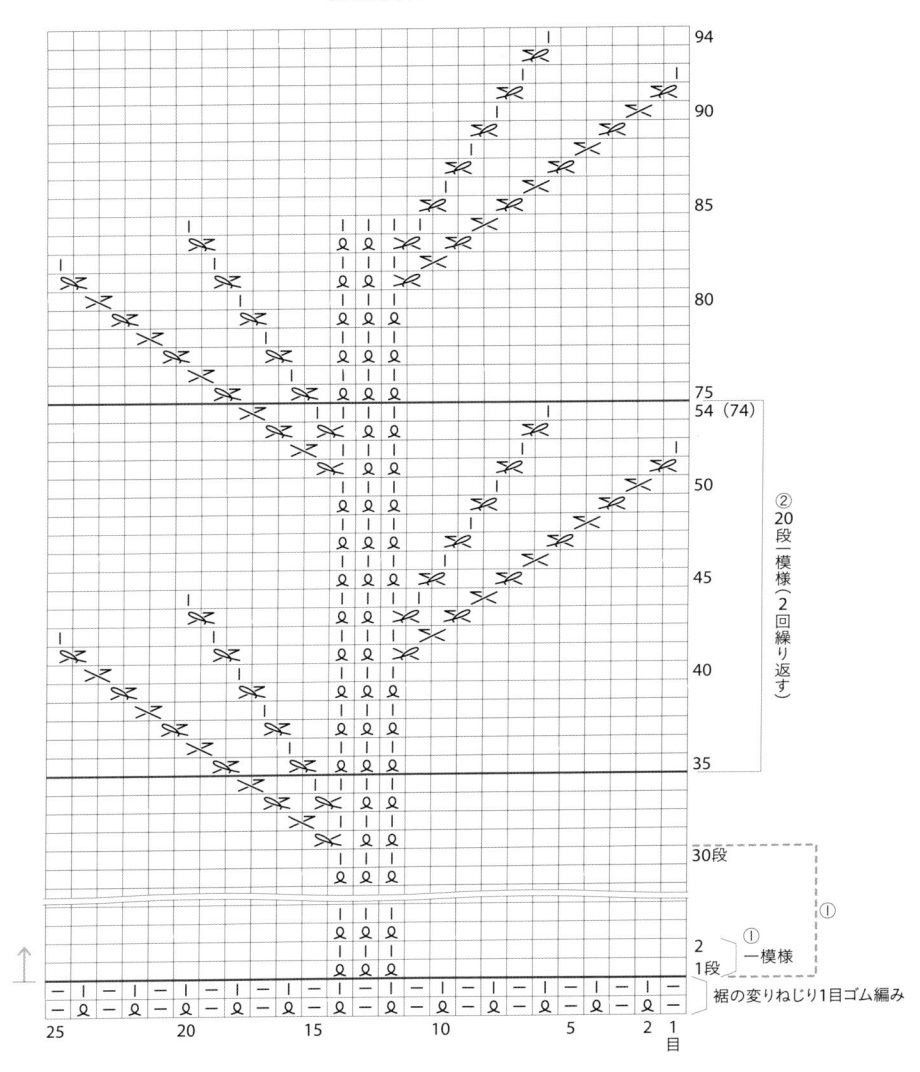

② 20段一模様（2回繰り返す）

30段

2 1段 ①一模様

裾の変りねじり1目ゴム編み

□ = — … 裏編み

裾の変りねじり1目ゴム編み

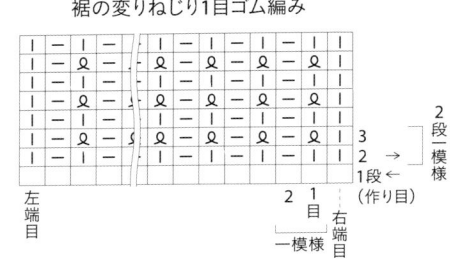

2段一模様

3 2 1段←（作り目）

左端目　2 1目　右端目
　　　一模様

スカラップエッジのセーター p.29

- ★糸　　キッドモヘアファインの白(02) 270g (4本どり)
- ★針　　15号80cm輪針
- ★ゲージ　16目18段が10cm四方
- ★サイズ　胸回り100cm、着丈51cm

✚ 編み方ポイント

糸は4本どりで使用します。作り目は、指に糸をかけて作る作り目にします。
右袖側から前後を続けて編みます。
18段編んだら糸のある側で38目作り目し、衿ぐりの位置では、
右側（前側）と左側（後ろ側）を別々に編みます。

模様編み

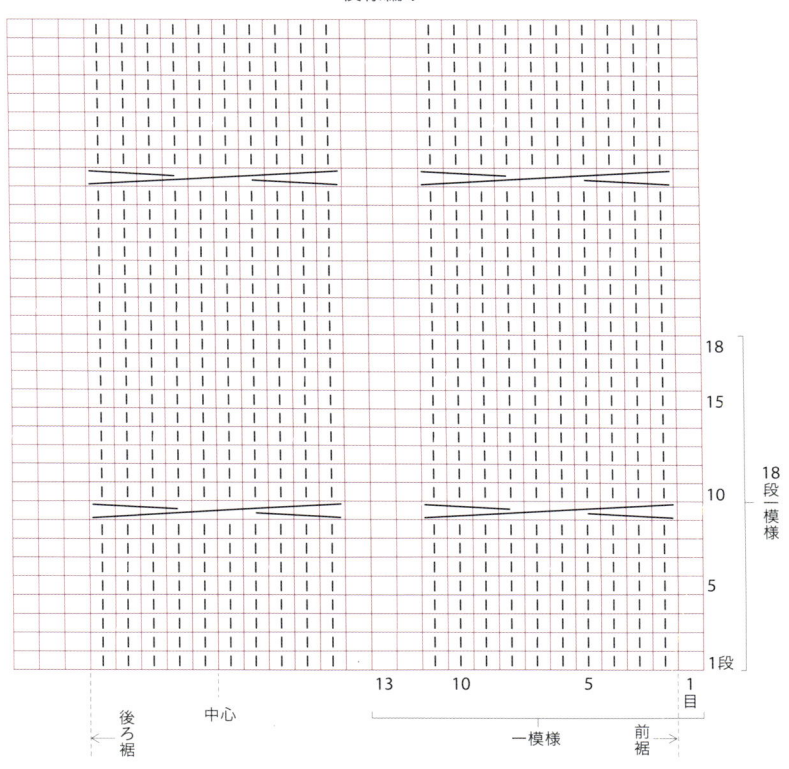

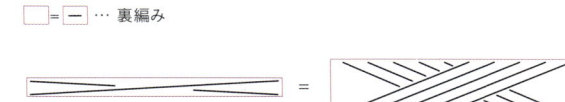

□ = − … 裏編み

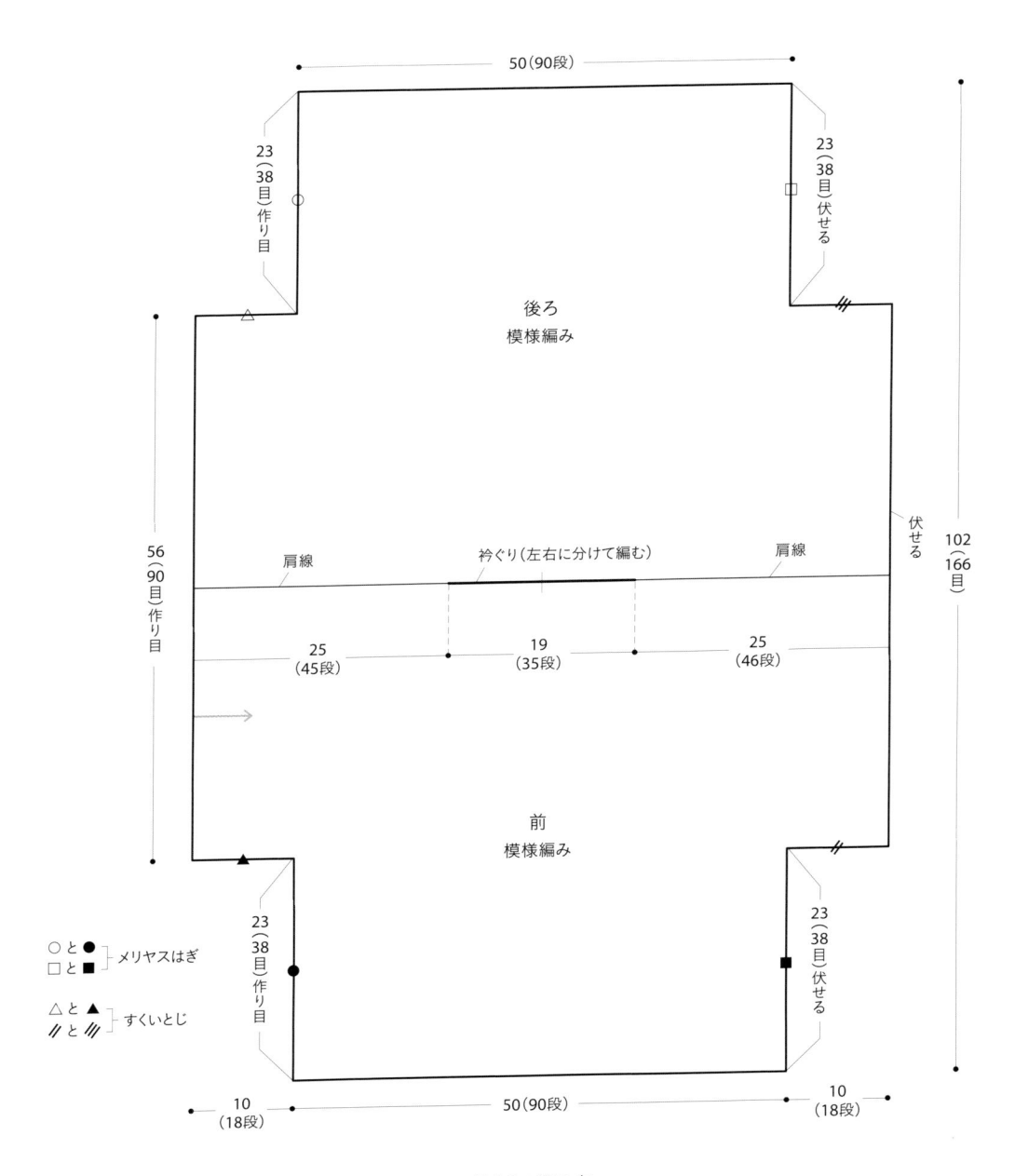

- 50（90段）
- 23（38目）作り目
- 23（38目）伏せる
- 後ろ
- 模様編み
- 伏せる
- 56（90目）作り目
- 102（166目）
- 肩線
- 衿ぐり（左右に分けて編む）
- 肩線
- 25（45段）
- 19（35段）
- 25（46段）
- 前
- 模様編み
- ○と● ：メリヤスはぎ
- □と■ ：メリヤスはぎ
- △と▲ ：すくいとじ
- ∥と∥ ：すくいとじ
- 23（38目）作り目
- 23（38目）伏せる
- 10（18段）
- 50（90段）
- 10（18段）

衿ぐりの編み方

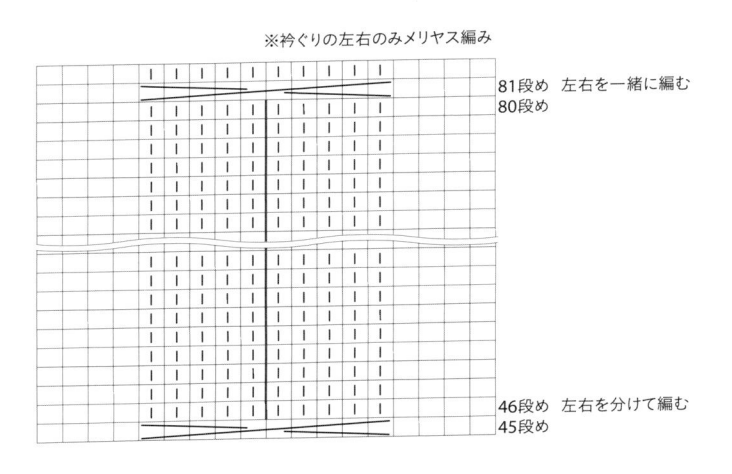

※衿ぐりの左右のみメリヤス編み

81段め 左右を一緒に編む
80段め

46段め 左右を分けて編む
45段め

ワッフル編みのジャケットとマフラー p.30,31

- **糸** ジャケットは、クイーンアニーの白(802)320g、黒(803)290g、
  マフラーは、クイーンアニーの白100g、黒90g
- **針** 7号棒針
- **ゲージ** 21目36段が10cm四方
- **サイズ** ジャケットは胸回り96cm、着丈54cm、袖丈51cm
  マフラーは幅14cm、長さ158cm

✚ 編み方ポイント

作り目は、指に糸をかけて作る作り目にします。
ワッフル編み(模様編みA)の編み方はp.40を参照してください。

★ジャケット

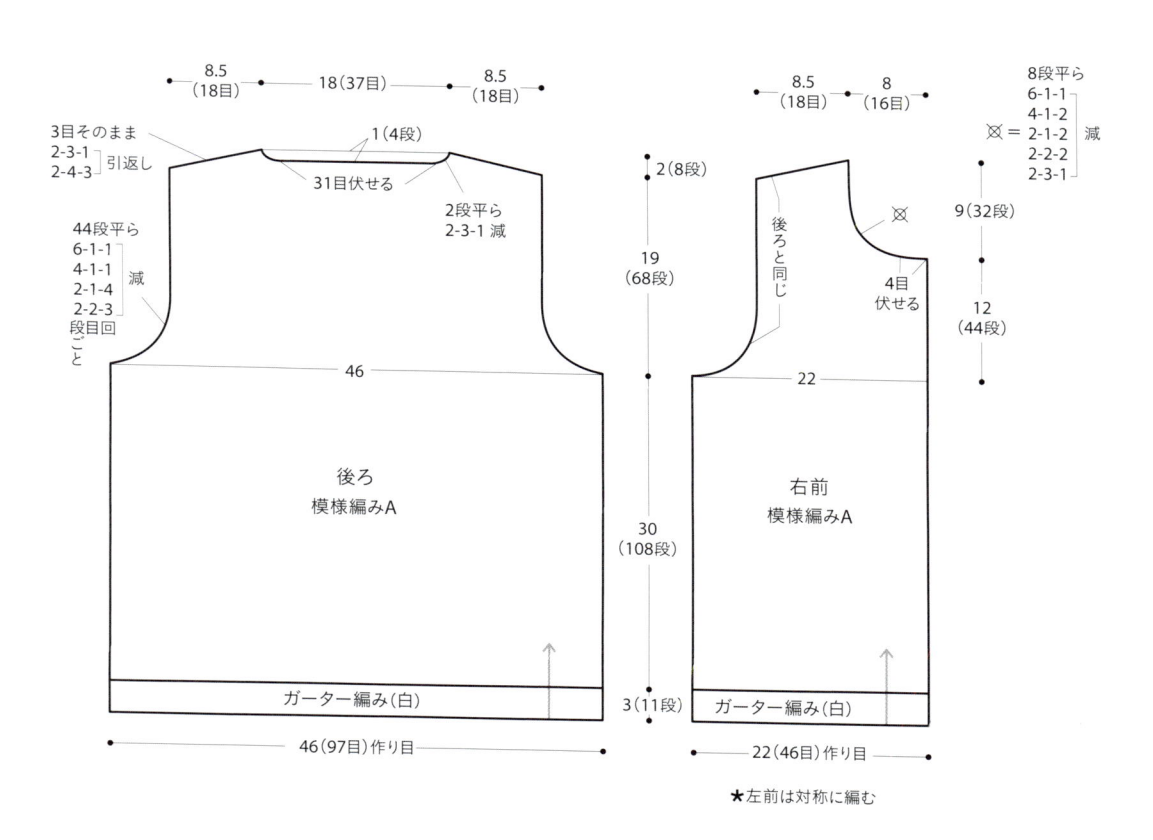

後ろ 模様編みA

- 8.5 (18目) / 18 (37目) / 8.5 (18目)
- 3目そのまま 2-3-1 2-4-3 引返し
- 1 (4段) 31目伏せる
- 2段平ら 2-3-1 減
- 44段平ら 6-1-1 4-1-1 2-1-4 2-2-3 段目回 減 ごと
- 46
- 19 (68段)
- 30 (108段)
- 3 (11段)
- ガーター編み(白)
- 46 (97目) 作り目

右前 模様編みA

- 8.5 (18目) / 8 (16目)
- 2 (8段)
- 後ろと同じ
- 4目伏せる
- 8段平ら 6-1-1 4-1-2 ⊠ = 2-1-2 減 2-2-2 2-3-1
- 9 (32段)
- 12 (44段)
- 22
- ガーター編み(白)
- 22 (46目) 作り目

★左前は対称に編む

50（90段）

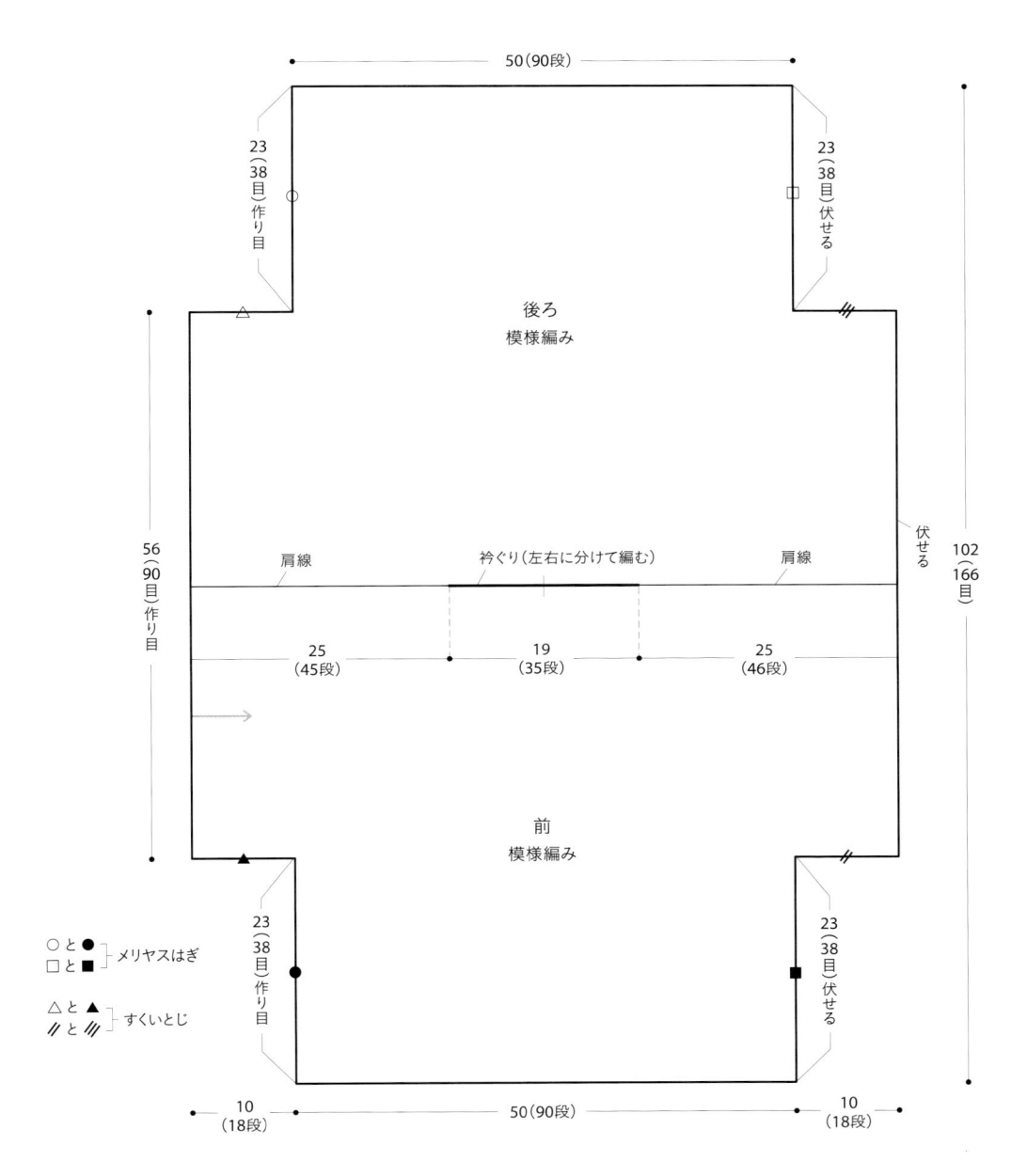

23
(38目)作り目

23
(38目)伏せる

後ろ
模様編み

56
(90目)作り目

102
(166目)

伏せる

肩線　　衿ぐり（左右に分けて編む）　　肩線

25
(45段)

19
(35段)

25
(46段)

前
模様編み

23
(38目)作り目

23
(38目)伏せる

○と● 　
□と■ 　メリヤスはぎ

△と▲ 　
// と /// 　すくいとじ

10
(18段)

50（90段）

10
(18段)

衿ぐりの編み方

※衿ぐりの左右のみメリヤス編み

81段め　左右を一緒に編む
80段め

46段め　左右を分けて編む
45段め

ワッフル編みのジャケットとマフラー p.30,31

- ★ 糸　ジャケットは、クイーンアニーの白(802)320g、黒(803)290g、
　　　　マフラーは、クイーンアニーの白100g、黒90g
- ★ 針　7号棒針
- ★ ゲージ　21目36段が10cm四方
- ★ サイズ　ジャケットは胸回り96cm、着丈54cm、袖丈51cm
　　　　　　マフラーは幅14cm、長さ158cm

✚ 編み方ポイント

作り目は、指に糸をかけて作る作り目にします。
ワッフル編み(模様編みA)の編み方はp.40を参照してください。

★ジャケット

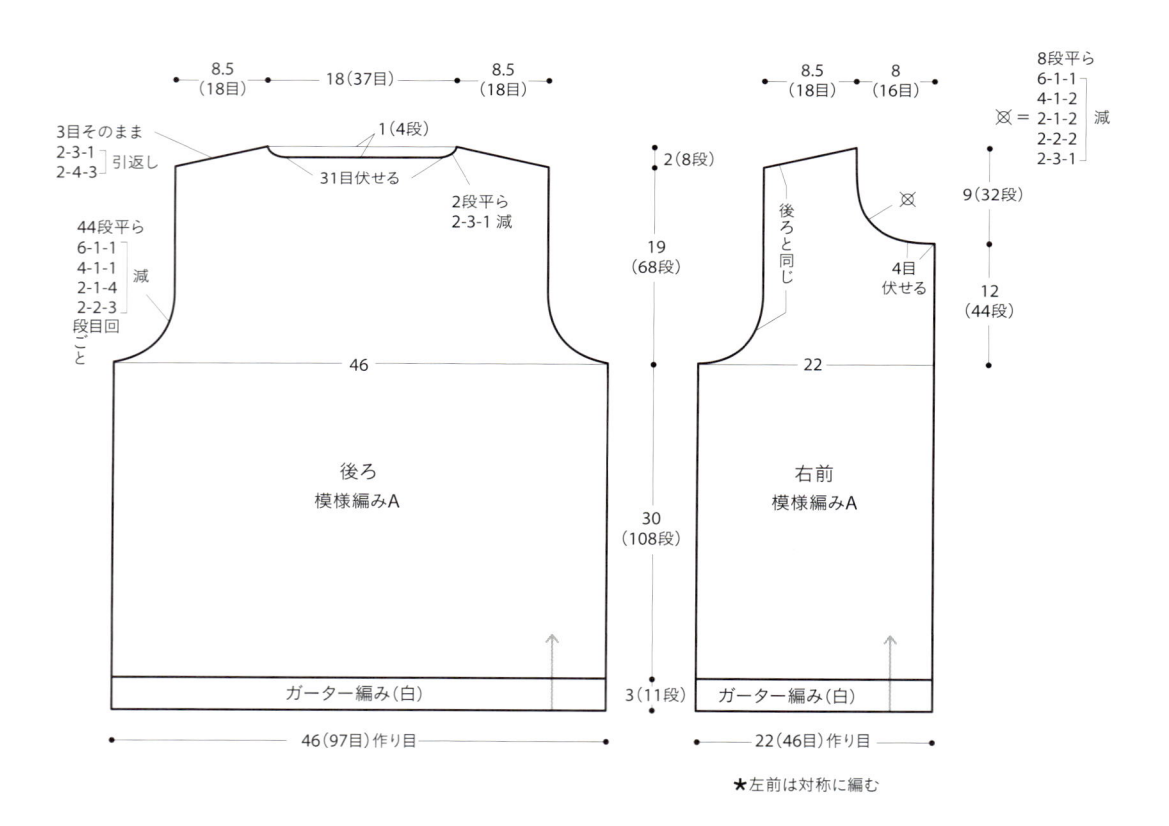

```
              8.5    18(37目)    8.5                    8.5    8              8段平ら
             (18目)              (18目)                (18目) (16目)          6-1-1
                                                                              4-1-2
   3目そのまま      1(4段)                                                ⊠= 2-1-2  減
   2-3-1  ─引返し  ├31目伏せる┤                    2(8段)                  2-2-2
   2-4-3                  2段平ら                                             2-3-1
                          2-3-1 減                  19              ⊠
   44段平ら                                         (68段)     後ろと同じ      9(32段)
   6-1-1                                                              4目
   4-1-1                                                              伏せる
   2-1-4   減
   2-2-3                                                                      12
   段目回                                                                     (44段)
   ごと
                    46                                    22

                   後ろ                                   右前
                  模様編みA                              模様編みA

                                                    30
                                                   (108段)



           ├─── ガーター編み(白) ───┤   3(11段)    ├── ガーター編み(白) ──┤
           ├─────── 46(97目)作り目 ───────┤     ├── 22(46目)作り目 ──┤

                                                    ★左前は対称に編む
```

袖

- 2-3-1
- 2-2-1
- 2-1-3
- 3-1-8 減
- 2-1-4
- 2-2-2
- 2-3-1

9(19目) 伏せる

34(73目)

袖
模様編みA

13.5(48段)

12段平ら
16-1-7 増

34.5(124段)

ガーター編み(白)

3(11段)

28(59目)作り目

前端と衿ぐりの拾い目

ガーター編み(白)

3(11段)

35目

22目

6目

64目拾う

3(11段)

ガーター編み(白)

模様編みA

黒
白
黒
白
黒
白
黒 }模様
白

4 1段

1目

一模様

後ろ、袖中心 ← マフラー編始め

→ 右前、左前、袖編始め
← 後ろ編始め

□ = | … 表編み

模様編みA'

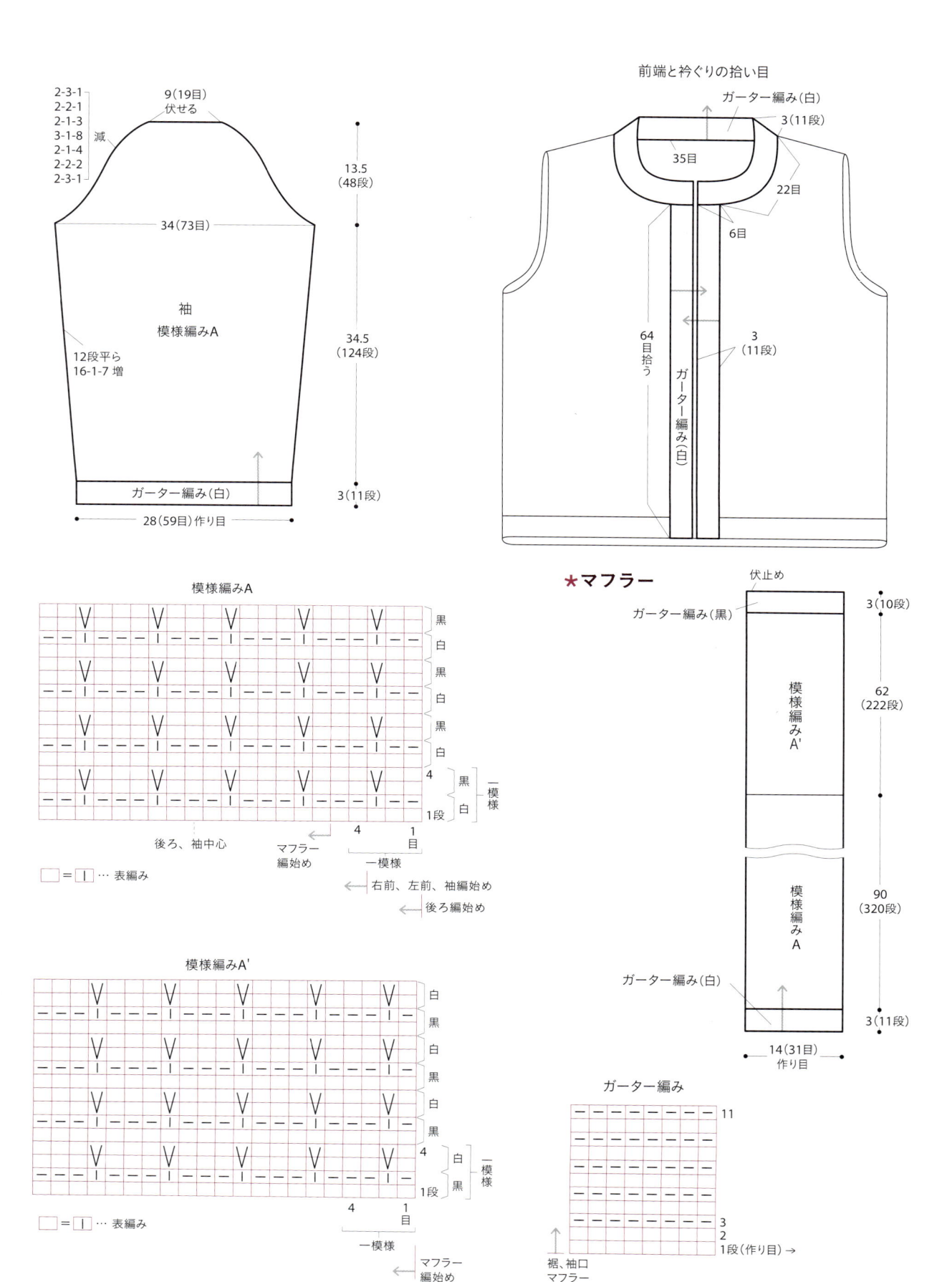

白
黒
白
黒
白
黒
白 }一模様
黒

4 1段

1目

一模様

マフラー編始め

□ = | … 表編み

★マフラー

伏止め

ガーター編み(黒)

3(10段)

模様編み A'

62(222段)

模様編み A

90(320段)

ガーター編み(白)

3(11段)

14(31目)作り目

ガーター編み

11

3
2
1段(作り目)→

裾、袖口
マフラー

ガーター編みの富士山セーターとシュークリーム帽子 p.34,35

- ★糸 　　セーターは、シェットランドのグレー(30)330g、白(50)270g、
  　　　　帽子はシェットランドの白60g、グレー50g
- ★付属品 　セーターは、直径1.3cmのボタン9個、 帽子は、直径1.3cmのボタン5個
- ★針 　　7号、5号棒針、7/0号かぎ針
- ★ゲージ 　19目39段が10cm四方
- ★サイズ 　セーターの着丈50cm、ゆき丈82cm、帽子の頭回り54cm

✚編み方ポイント

セーターは、白で別鎖の作り目から編み始めます。グレーの糸に替え、次からはグレーと白を2段ずつ、ガーター編みで編みます。裾の部分はスリットをあけて編みます。編終りは、白で伏止めにします。
帽子は、グレーで別鎖の作り目から編み始めます。次からはグレーと白を2段ずつ、ガーター編みで編みます。編始めと編終りを重ねてボタンでとめ、トップをグレーで拾い目して編み、絞ります。
ポンポンを作ってつけます。

★セーター

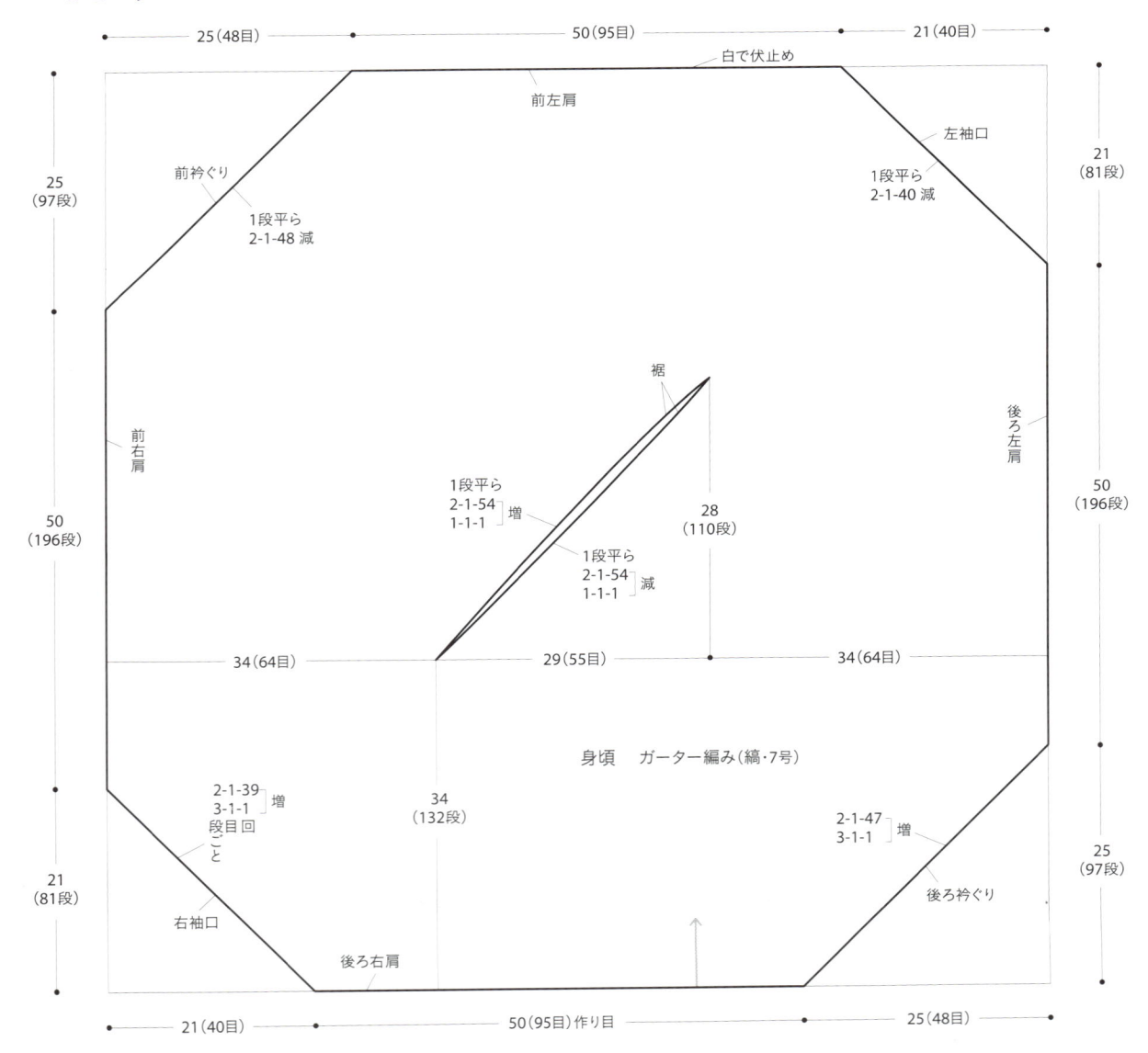

- 25(48目) / 50(95目) / 21(40目)
- 白で伏止め
- 前左肩
- 左袖口
- 25(97段)
- 前衿ぐり
- 1段平ら 2-1-48 減
- 1段平ら 2-1-40 減
- 21(81段)
- 前右肩
- 後ろ左肩
- 50(196段)
- 裾
- 1段平ら 2-1-54 増 1-1-1
- 28(110段)
- 1段平ら 2-1-54 減 1-1-1
- 50(196段)
- 34(64目) / 29(55目) / 34(64目)
- 身頃　ガーター編み(縞・7号)
- 2-1-39 3-1-1 増 段目回 ごと
- 34(132段)
- 2-1-47 3-1-1 増
- 右袖口
- 25(97段)
- 後ろ衿ぐり
- 21(81段)
- 後ろ右肩
- 21(40目) / 50(95目)作り目 / 25(48目)

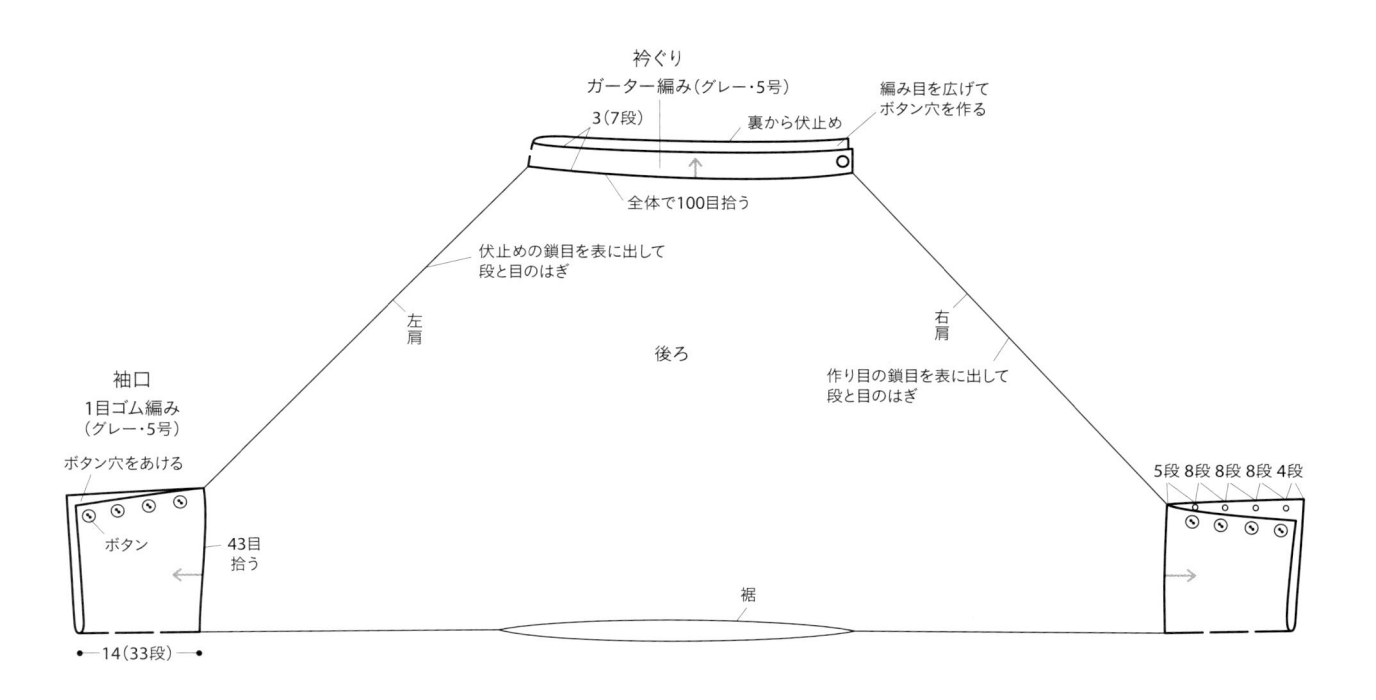

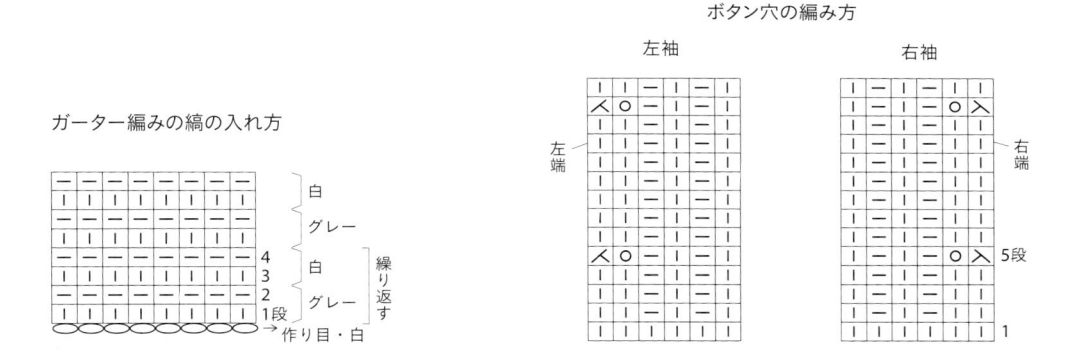

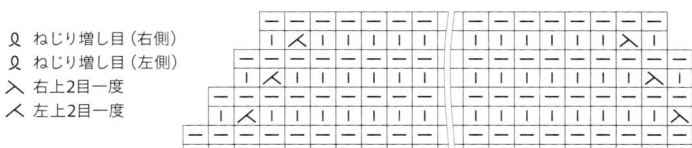

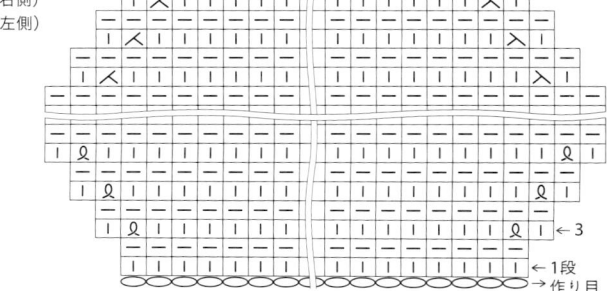

衿ぐり
ガーター編み（グレー・5号）
3（7段）
裏から伏止め
編み目を広げてボタン穴を作る
全体で100目拾う
伏止めの鎖目を表に出して段と目のはぎ
左肩
右肩
作り目の鎖目を表に出して段と目のはぎ
後ろ

袖口
1目ゴム編み（グレー・5号）
ボタン穴をあける
ボタン
43目拾う
5段 8段 8段 8段 4段
裾
14(33段)

ガーター編みの縞の入れ方
白
グレー
白　繰り返す
4
3
2
1段　グレー
→作り目・白

ボタン穴の編み方
左袖　左端
右袖　右端
5段
1

増し目、減し目の方法
Q ねじり増し目（右側）
Q ねじり増し目（左側）
入 右上2目一度
人 左上2目一度

3
1段
作り目

75

★帽子

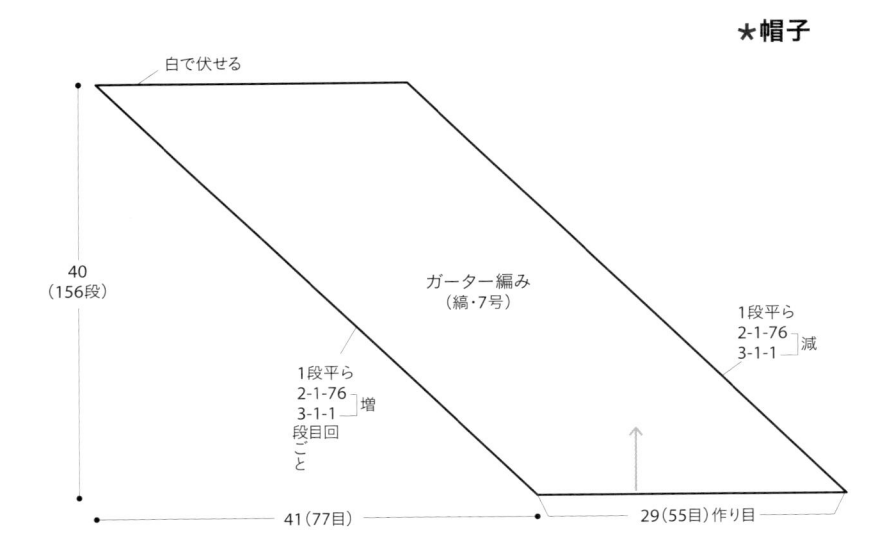

白で伏せる

40(156段)

ガーター編み
(縞・7号)

1段平ら
2-1-76
3-1-1 ┘減

1段平ら
2-1-76
3-1-1 ┘増
段目回ごと

41(77目)　29(55目)作り目

ガーター編みの縞の入れ方

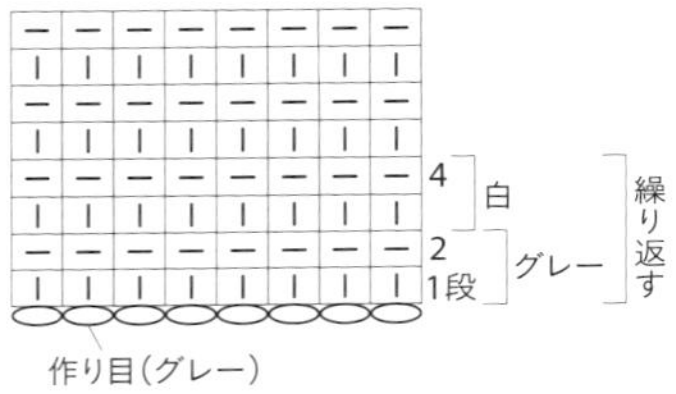

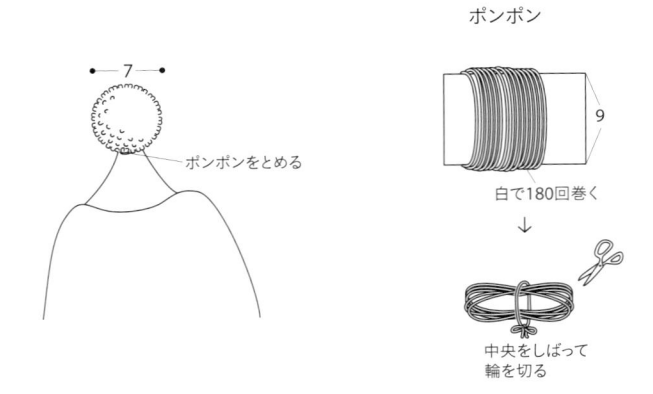

4　白
2　グレー
1段

繰り返す

作り目(グレー)

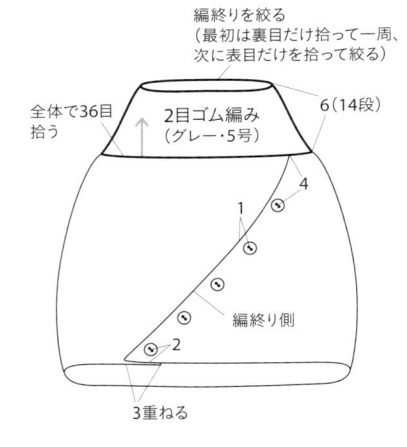

編終りを絞る
(最初は裏目だけ拾って一周、次に表目だけを拾って絞る)

2目ゴム編み
(グレー・5号)

6(14段)

全体で36目拾う

編終り側

3重ねる

7
ポンポンをとめる

ポンポン

9

白で180回巻く

↓

中央をしばって輪を切る

大地のセーター p.36,37

- ★ 糸　ブリティッシュエロイカのグリーン(197)210g、紺(101)120g、赤(116)50g、ベージュ(182)40g、こげ茶色(161)30g、ターコイズブルー(190)、グレー(199)、青緑(184)、淡いグレー(187)各20g、白(125)、パープル(188)、黒(122)、濃いピンク(189)、青(198)、黄色(191)、れんが色(201)、紫(183)各10g
- ★ 針　8mm60cm輪針、15号棒針
- ★ ゲージ　11目15段が10cm四方
- ★ サイズ　胸回り110cm、着丈54cm

✚ 編み方ポイント

後ろ身頃の裏メリヤス編み部分はグリーンと紺の各1本ずつの2本どり、他は各色それぞれ2本どりで使用します。
作り目は、指に糸をかけて作る作り目にします。
前身頃は、引返し編み(p.39のラップアンドターンの方法)で編みます。

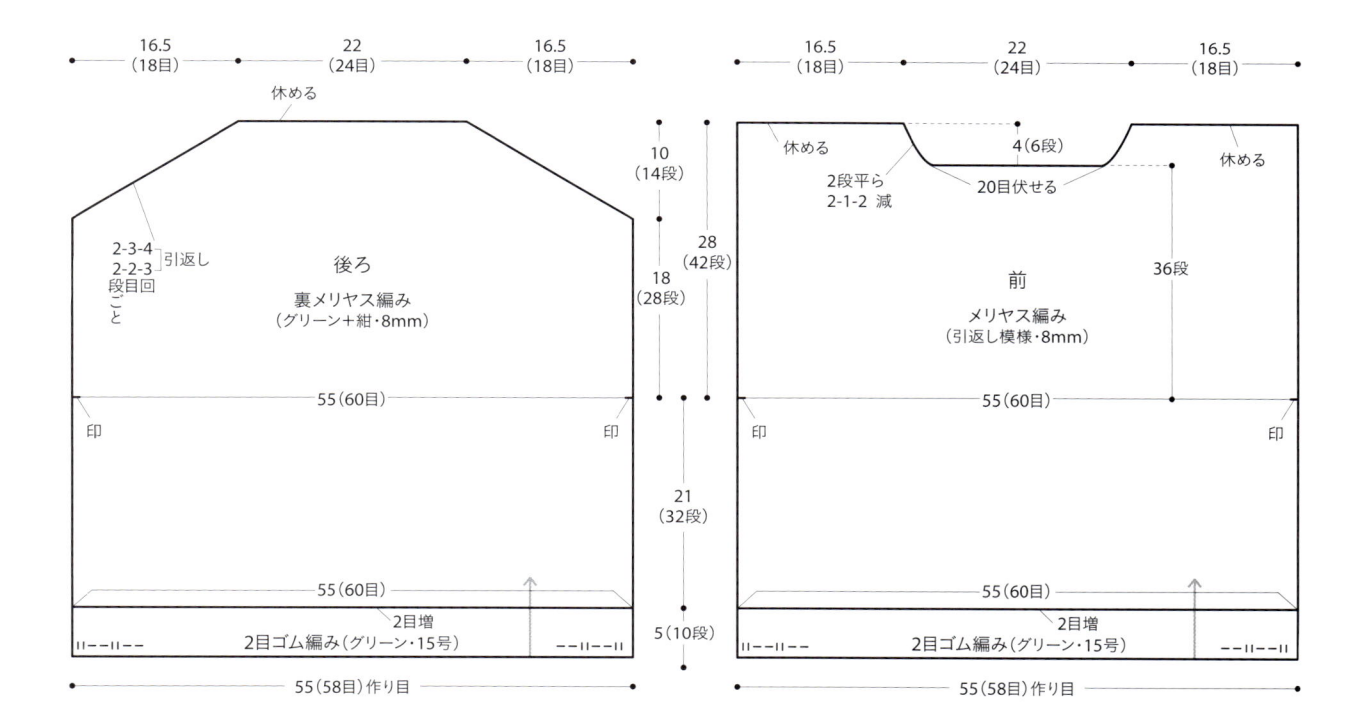

後ろ
- 16.5 (18目) / 22 (24目) / 16.5 (18目)
- 休める
- 2-3-4 / 2-2-3 段目回ごと 引返し
- 裏メリヤス編み（グリーン＋紺・8mm）
- 55(60目)
- 印
- 10 (14段)
- 28 (42段)
- 18 (28段)
- 21 (32段)
- 5 (10段)
- 2目増
- 2目ゴム編み（グリーン・15号）
- 55(58目)作り目

前
- 16.5 (18目) / 22 (24目) / 16.5 (18目)
- 休める / 4(6段) / 休める
- 2段平ら 2-1-2 減 / 20目伏せ
- メリヤス編み（引返し模様・8mm）
- 36段
- 55(60目)
- 印
- 2目増
- 2目ゴム編み（グリーン・15号）
- 55(58目)作り目

77

まとめ

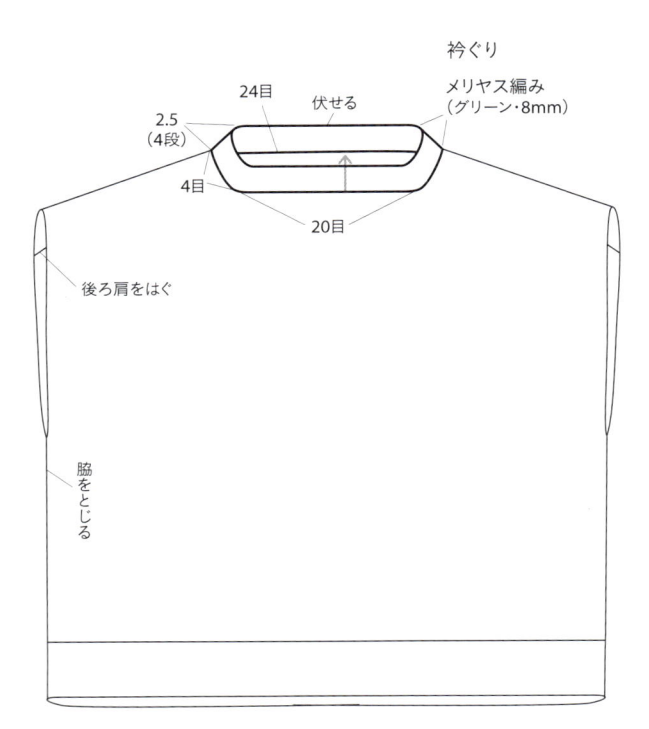

衿ぐり
24目 伏せる
2.5(4段) メリヤス編み(グリーン・8mm)
4目
20目

後ろ肩をはぐ
脇をとじる

配色と編む順番

順番	色	色番号
⑰	グリーン	197
⑯	白	125
⑮	パープル	188
⑭	ターコイズブルー	190
⑬	黒	122
⑫	グレー	199
⑪	濃いピンク	189
⑩	ベージュ	182
⑨	青	198
⑧	こげ茶色	161
⑦	赤	116
⑥	黄色+ベージュ	191+182
⑤	れんが色	201
④	青緑	184
③	淡いグレー	187
②	紫	183
①	グリーン	197

○数字は編む順番
それぞれ2本どり
⑥は各1本ずつの2本どり

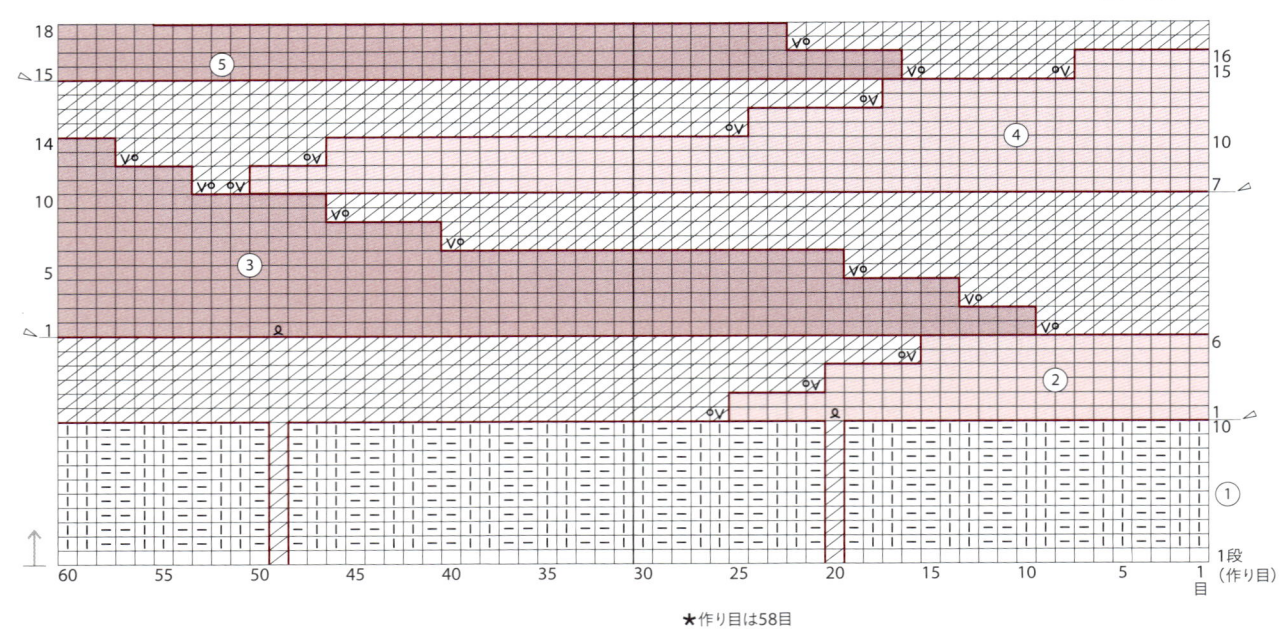

右下へ続く

★作り目は58目

◨ …編み図上の空白 実際はとばして編む

◁…糸を入れる

引返し模様

20目伏せる

○∨、∨○ = ラップアンドターン

荒波と生命の樹のアランカーディガン p.4

- ★糸　　　ブリティッシュエロイカのピンク(180)790g
- ★付属品　直径2cmのボタン8個
- ★針　　　10号、8号、7号棒針
- ★ゲージ　模様編みA、B20.5目22段が10cm四方
- ★サイズ　胸回り108cm、着丈63.5cm、ゆき丈78.5cm

✚ 編み方ポイント

前後身頃の模様編みは、p.84、85、袖はp.87をごらんください。
作り目は指に糸をかけて作る作り目にします。
身頃は、裾から18段は8号棒針、その後は10号で編みます。
左右の前身頃は記号図の中心から分けて対称に編みますが、前中心側に1目増やし、この目は表編みで編みます。
袖は、左右対称のものを2枚編みます。
前立ては2本編み、そのうち1本(上前側)は、ボタン穴をあけて編みます。
まとめの最初は、袖と身頃のラグラン線をとじ、衿ぐりから拾い目をして衿を編み、前立てをとじ合わせます。
脇、袖下、袖ぐり下の伏せた目をとじ合わせ、ボタンをつけます。

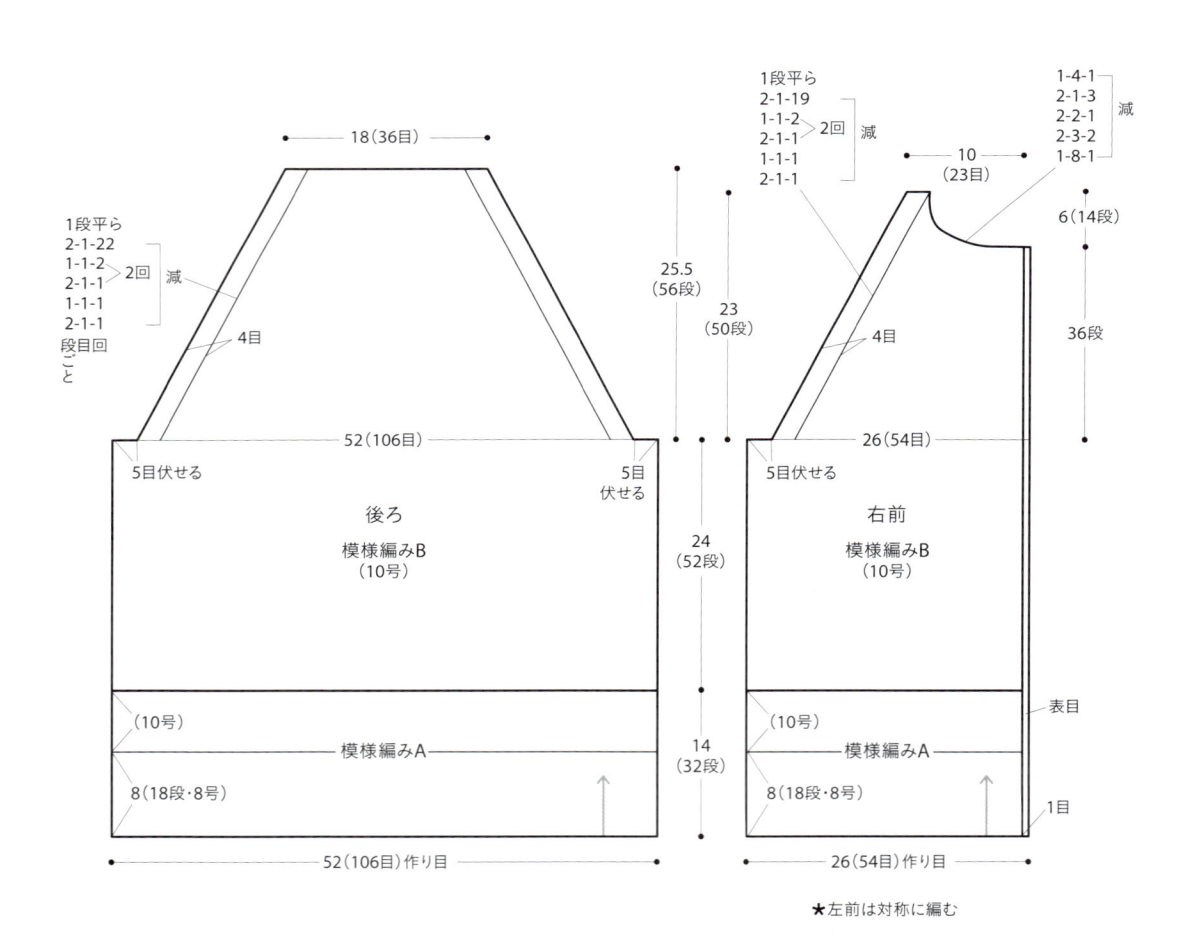

★左前は対称に編む

右袖
模様編みC
(10号)

- 5 - 6 -
(10目)(12目)

2-4-1
2-5-2 ┐減

2.5(6段)

25.5(56段)

8目伏せる

4目   4目

⊠ = 3段平ら
    2-1-23
    4-1-1 ┐減
    3-1-1

× = 1段平ら
    2-1-21
    4-1-1 ┐減
    3-1-1

23(50段)

39(80目)

5目伏せる   5目伏せる

30(66段)

1段平ら
4-1-1
6-1-1 ┐6回 増
4-1-1
1-1-1

模様編みA (10号)
8(18段・8号)

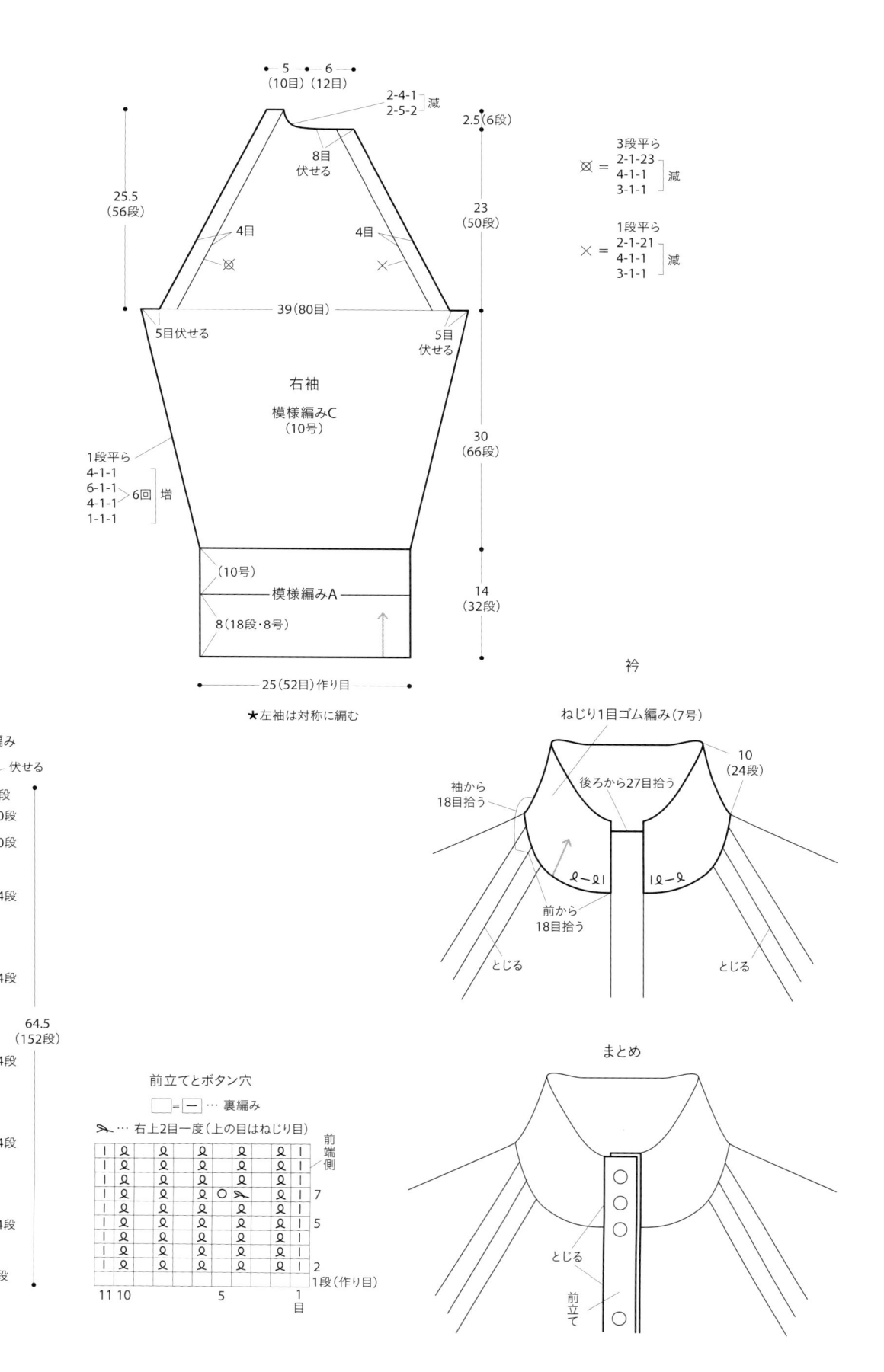

14(32段)

- 25(52目)作り目 -

★左袖は対称に編む

前立て

ねじり1目ゴム編み
(2本・7号)

伏せる
5段
10段
10段
24段
24段
24段
24段
24段
24段
7段

ボタン穴(上前側)

64.5(152段)

4(11目)作り目

前立てとボタン穴

□ = — … 裏編み
⊰ … 右上2目一度(上の目はねじり目)

前端側

段数: 7, 5, 2, 1段(作り目)
目: 11 10 ... 5 ... 1

衿

ねじり1目ゴム編み(7号)

袖から18目拾う
後ろから27目拾う
前から18目拾う

10(24段)

とじる   とじる

まとめ

とじる
前立て

荒波と生命の樹のアランカーディガン p.5

- ★糸　　　ブリティッシュエロイカの青(198)650g
- ★付属品　直径2.2cmのボタン6個
- ★針　　　10号、8号、7号棒針
- ★ゲージ　模様編みA、B20.5目22段が10cm四方
- ★サイズ　胸回り95cm、着丈55cm、ゆき丈77cm

✛編み方ポイント

前後身頃の模様編みは、p.86、袖はp.87をごらんください。
作り目は指に糸をかけて作る作り目にします。
身頃は、裾から18段は8号棒針、その後は10号で編みます。
左右の前身頃は記号図の中心から分けて対称に編みますが、前中心側に1目増やし、この目は表編みで編みます。
袖は、左右対称のものを2枚編みます。
前立ては2本編み、そのうち1本(上前側)は、ボタン穴をあけて編みます。
まとめの最初は、袖と身頃のラグラン線をとじ、衿ぐりから拾い目をして編み、前立てをとじ合わせます。
脇、袖下、袖ぐり下の伏せた目をとじ合わせ、ボタンをつけます。

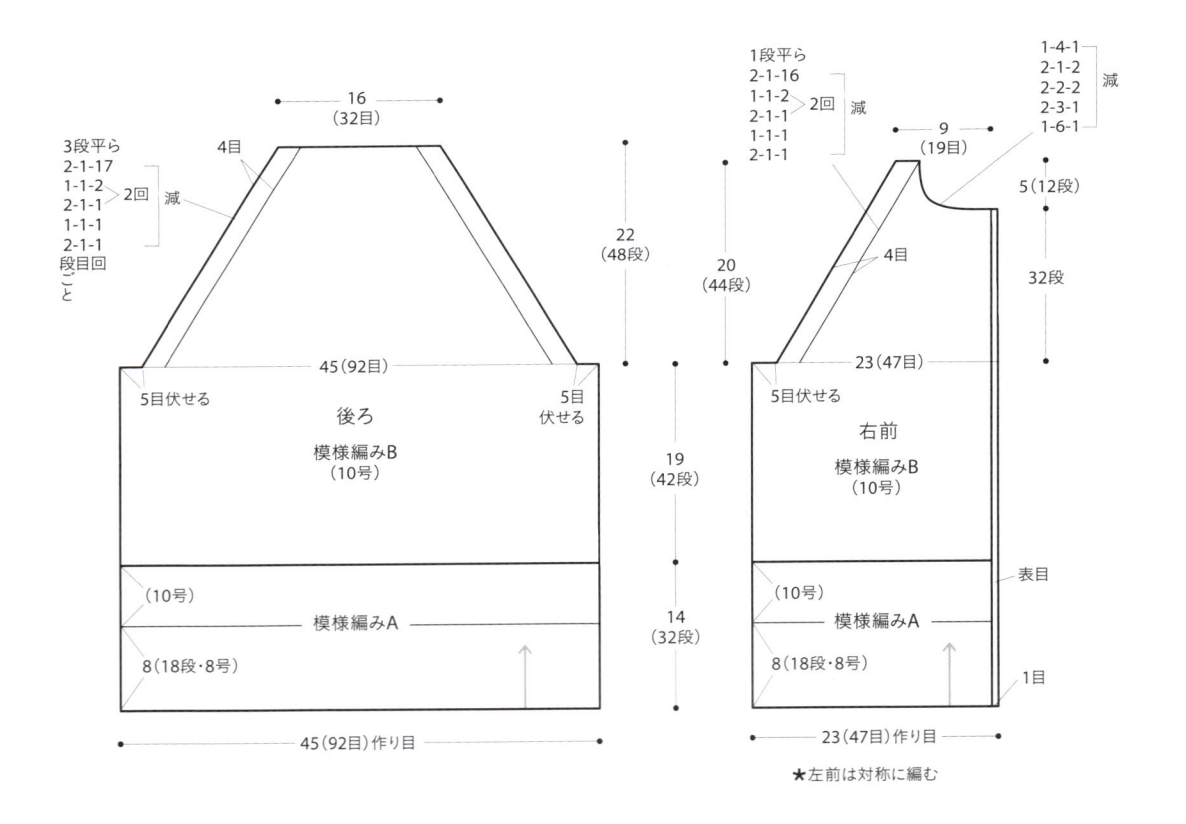

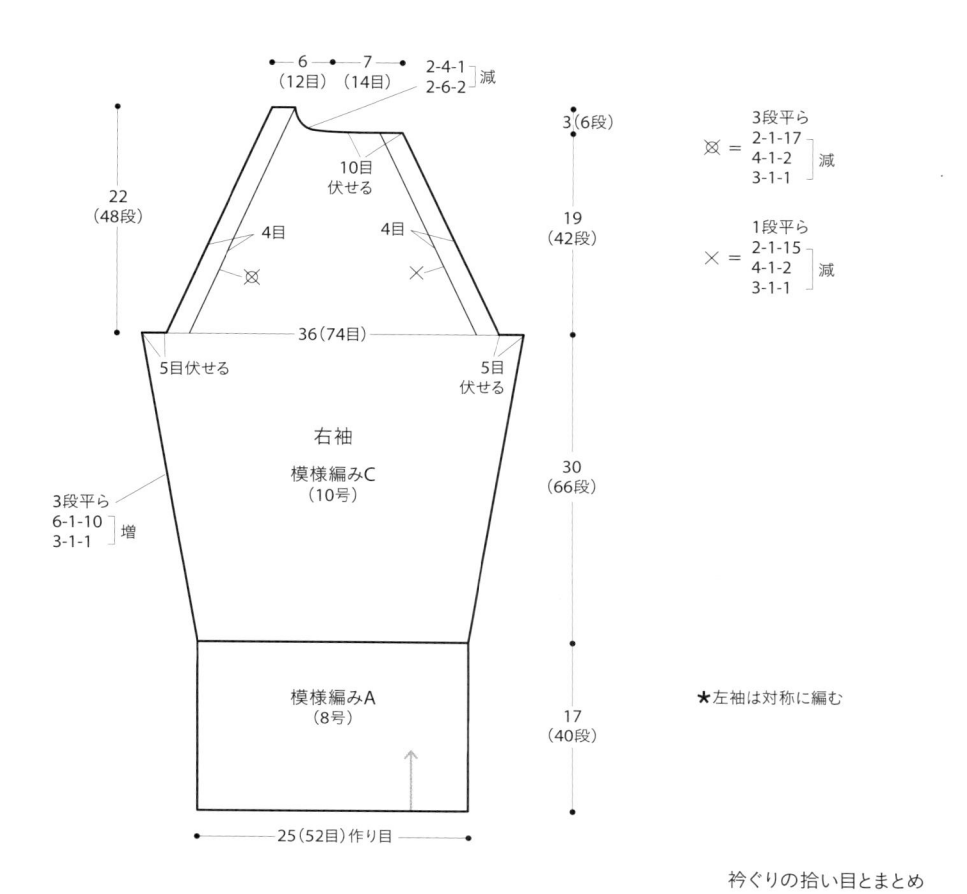

右袖

- 22 (48段)
- 6 (12目) — 7 (14目)
- 2-4-1 2-6-2 減
- 10目伏せる
- 4目
- 3 (6段)
- 19 (42段)
- 36 (74目)
- 5目伏せる
- 模様編みC (10号)
- 3段平ら 6-1-10 3-1-1 増
- 30 (66段)
- 模様編みA (8号)
- 17 (40段)
- 25 (52目) 作り目

$\boxtimes$ = 3段平ら 2-1-17 4-1-2 3-1-1 減

$\times$ = 1段平ら 2-1-15 4-1-2 3-1-1 減

★左袖は対称に編む

前立て
ねじり1目ゴム編み (2本・7号)

- 伏せる
- 5段
- 12段
- 24段
- 24段
- 24段
- 24段
- 7段
- 51 (120段)
- ボタン穴 (上前側)
- 4 (11目) 作り目

前立てとボタン穴
- □ = — … 裏編み
- ✂ … 右上2目一度 (上の目はねじり目)
- 前端側
- 7段
- 5段
- 2段
- 1段 (作り目)
- 11 10 … 5 … 1目

衿ぐりの拾い目とまとめ

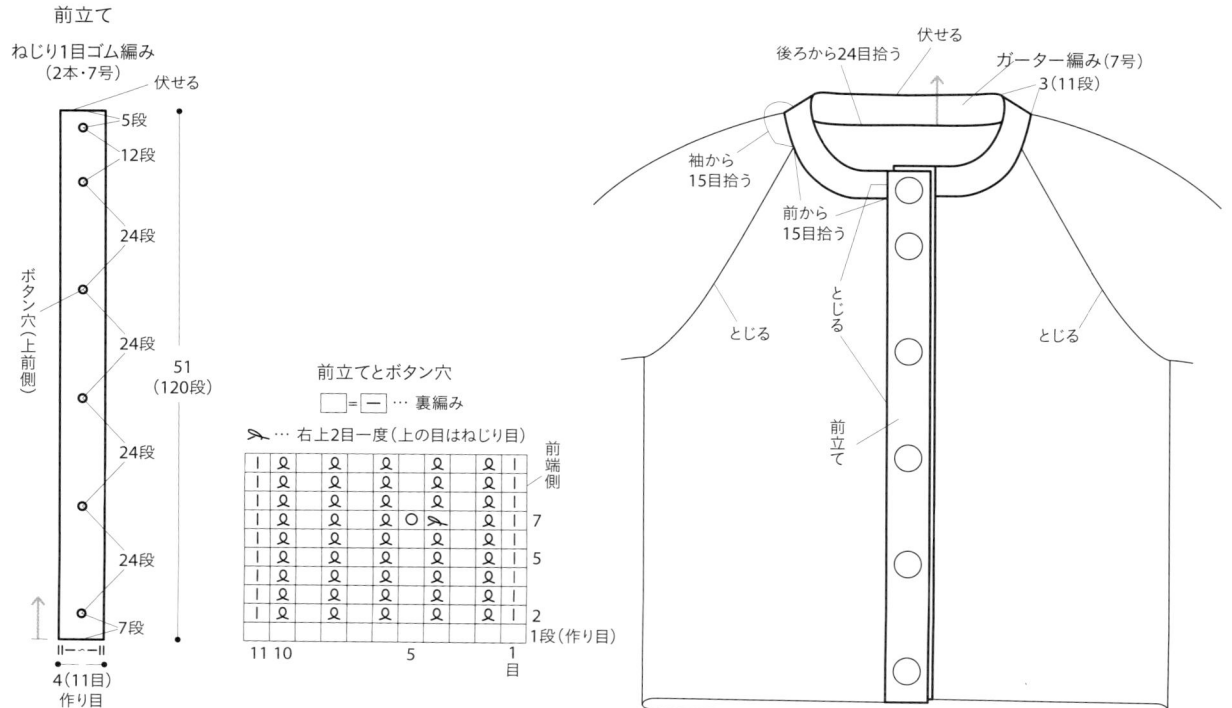

- 後ろから24目拾う
- 伏せる
- ガーター編み (7号)
- 3 (11段)
- 袖から15目拾う
- 前から15目拾う
- とじる
- 前立て

p.4 前後身頃

□ = — … 裏編み

85

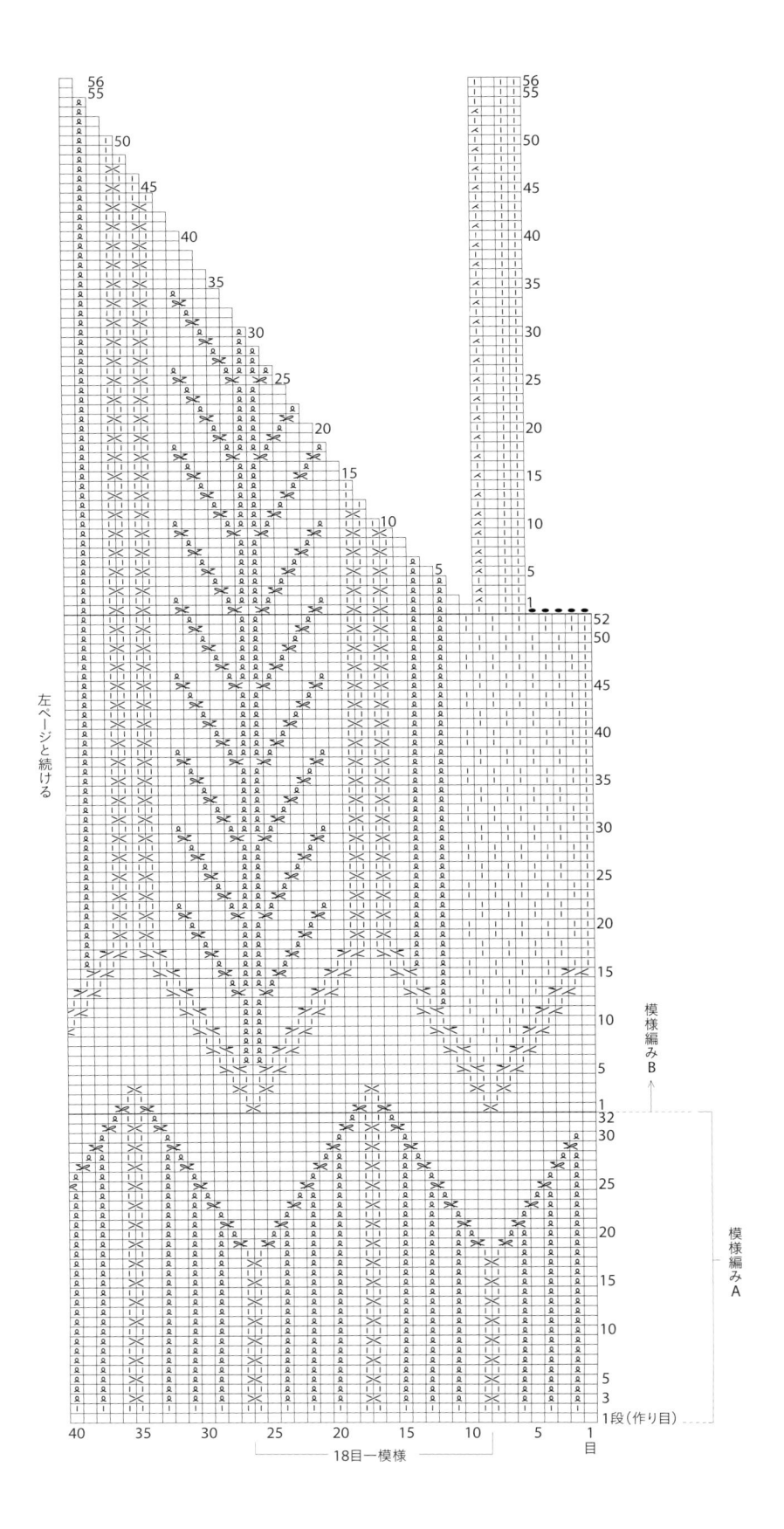

p.5 前後身頃

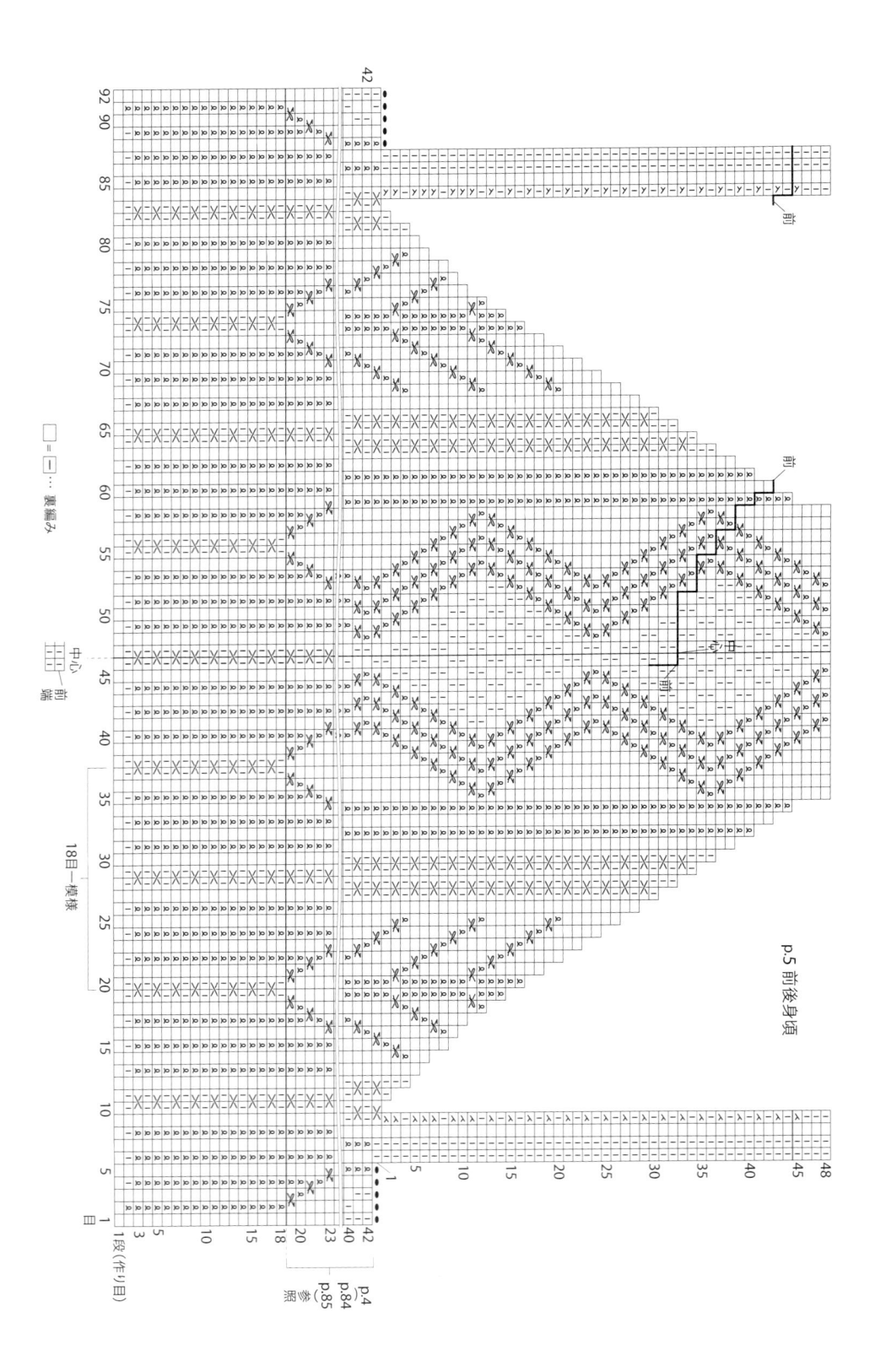

p.4
p.84
p.85 袖

中心
前端

18目一模様

□ = — … 裏編み

右袖

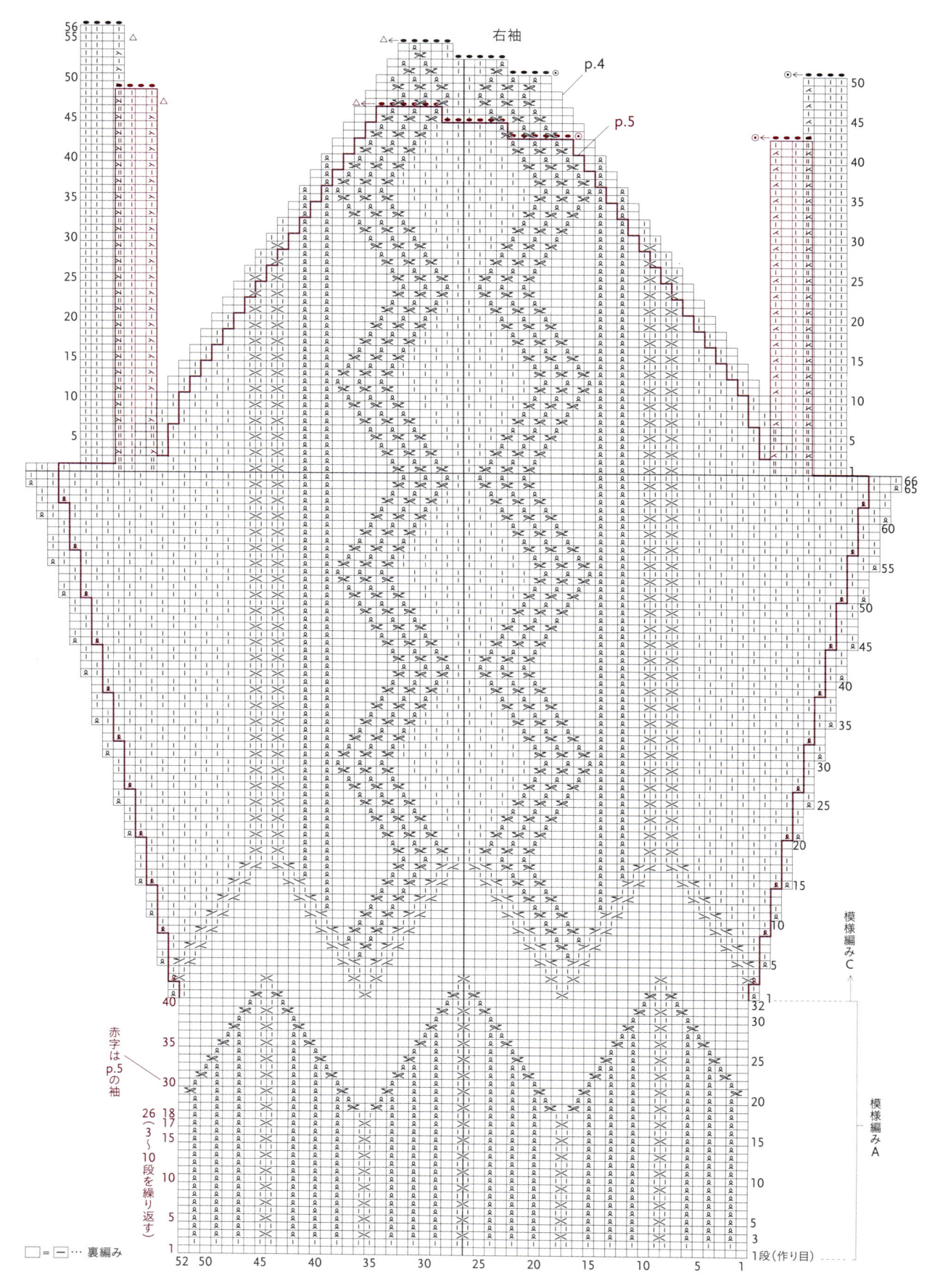

p.4

p.5

模様編みC

模様編みA

赤字はp.5の袖

26（3〜10段を繰り返す）

□ = − … 裏編み

1段（作り目）

荒波アランの帽子 p.6,7

- **糸** ブリティッシュエロイカでp.6はオレンジ色(186)90g、p.7はグリーン(197)90g
- **付属品** p.6は直径1.2cmのボタン1個
- **針** 8号棒針
- **ゲージ** 模様編み20.5目22段が10cm四方
- **サイズ** 頭回り53cm

編み方ポイント

作り目は、指でに糸をかけて作る作り目にします。
模様編みで編み始め、トップは中間減し目で編みます。
編終りは、最初に裏目だけ糸を通し、次に表目に糸を通して絞ります。後ろ中心をとじ合わせます。
P.6の帽子は、後ろをとじるときに、スリットを残します。
ボタン穴は、その位置の目を引っ張って広げ、周囲をかがります。

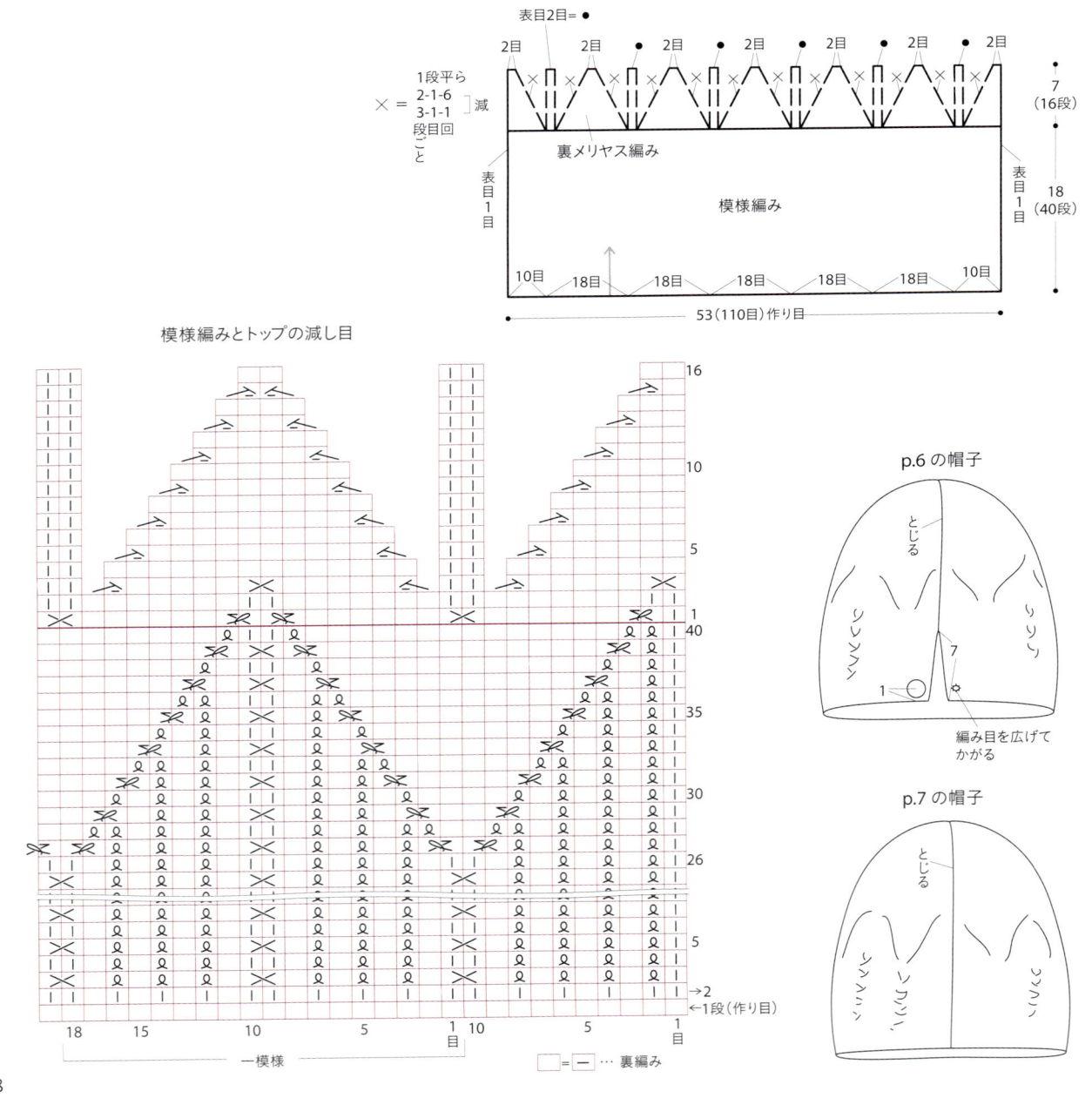

模様編みとトップの減し目

p.6 の帽子

編み目を広げて
かがる

p.7 の帽子

基本のテクニック ◆ 棒針編み

◆作り目
[指に糸をかけて作る方法]

1 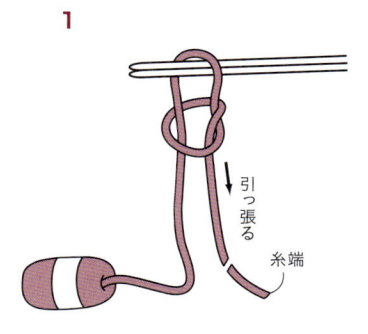
引っ張る
糸端
1目めを指で作って針に移し、糸を引く

2 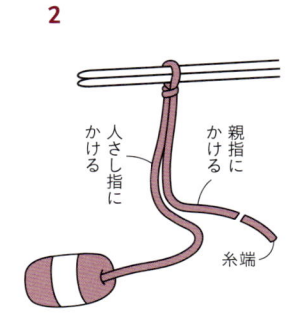
人さし指にかける
親指にかける
糸端
1目めの出来上り

3 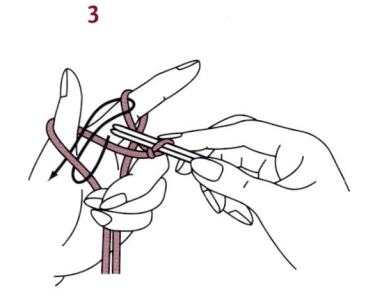
矢印のように針を入れて、かかった糸を引き出す

4 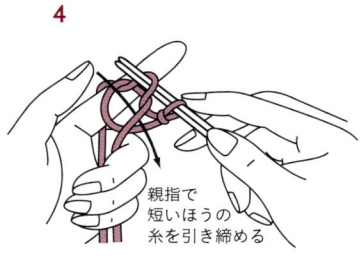
親指で短いほうの糸を引き締める
親指の糸をいったんはずし、矢印のように入れ直して目を引き締める

5 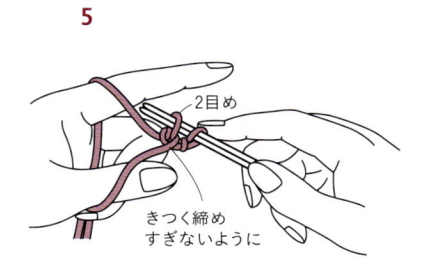
2目め
きつく締めすぎないように
2目めの出来上り

6 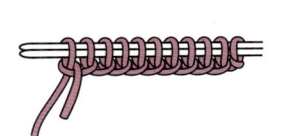
出来上り。1本を抜き取り、左手に持ち替えて2段めを編む

[別糸を使って作る方法]

1 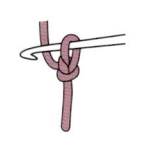
編み糸に近い太さの木綿糸で、鎖編みをする

2 
終りの目　始めの1目
ゆるい目で必要目数の2、3目多く編む

3 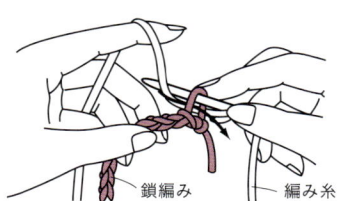
鎖編み　編み糸
編み糸で、鎖の編始めの裏の山に針を入れる

4 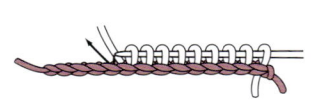
必要数の目を拾っていく

5 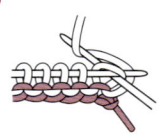
編み地を返して、1段めを編む
——表編み

6 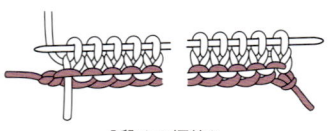
1段めの編終り

編み目記号と編み方

| 表目…表編み、メリヤス編みという

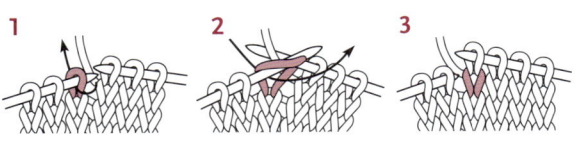

1 糸を向う側に置き、手前から右針を左針の目に入れる
2 右針に糸をかけ、矢印のように引き出す
3 引き出しながら、左針から目をはずす

○ かけ目…増し目、透し模様、ボタン穴などに使う

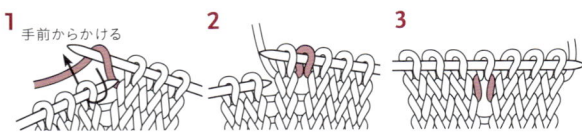

1 糸を手前からかけ、次の目を編む（手前からかける）
2
3 次の段を編むとかけ目のところに穴があき、1目増したことになる

∧ 右上2目一度…1目減らすときのテクニック　右側の目が上になるように編む

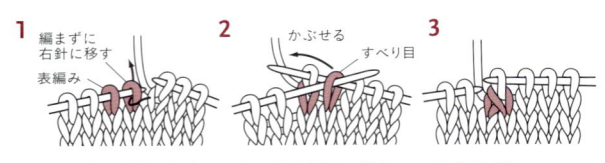

1 編まずに手前から右針に移す（編まずに右針に移す／表編み）
2 次の目を編み、移した目をかぶせる（かぶせる／すべり目）
3 1目減し目

⋏ 中上3目一度…透し模様やVネックの縁編みの中心に使う

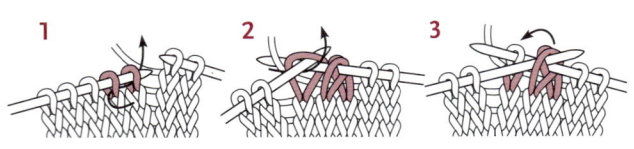

1 2目一緒に手前から右針を入れ、編まずにそのまま右針へ移す
2 次の目を編む
3 編んだ目に移した2目をかぶせる。2目減し目

⋎ 左増し目…目を左側に1目増すときのテクニック

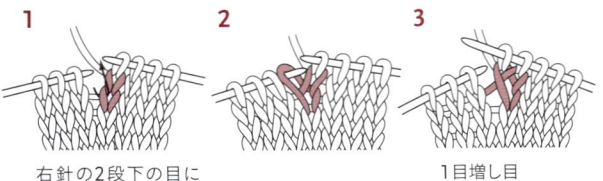

1 右針の2段下の目に向う側より手前に左針を入れる
2
3 1目増し目

— 裏目…裏編み、裏メリヤス編みという

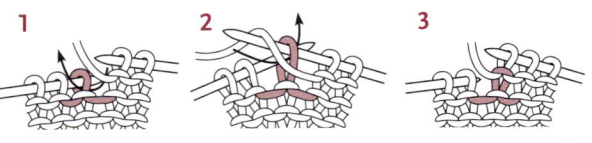

1 糸を手前に置き、左針の目の向う側から右針を入れる
2 右針に糸をかけ、矢印のように引き抜く
3 引き出しながら、左針から目をはずす

Q ねじり目…かけ目で増した場合や模様編みとしても使う

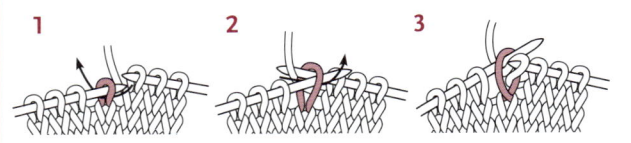

1 向う側から針を入れる
2 糸をかけて編む
3

人 左上2目一度…1目減らすときのテクニック　左側の目が上になるように編む

1 2目一緒に手前から入れる
2 糸をかけて編む
3 1目減し目

V すべり目…模様編みや端の目に使う

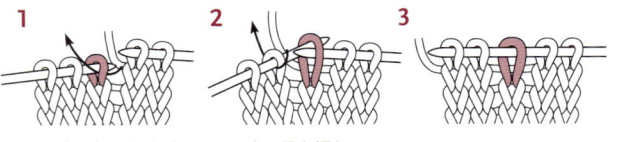

1 糸を向う側に置き、編まずに1目右針に移す
2 次の目を編む
3

V 右増し目…目を右側に1目増すときのテクニック

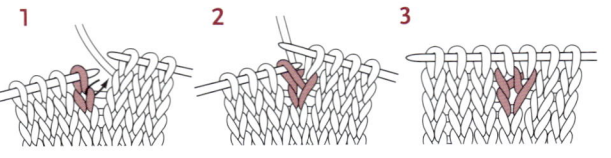

1 左針の1段下の目に手前より右針を入れ、糸をかけて編む
2 左針の目も編む
3 1目増し目

✕ 左上1目交差…1目1目の交差編み
　　　　　　左の目が上になるように編む

1 前を通って1目とばし、次の目に針を入れて編む

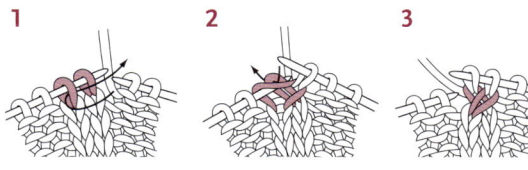

2 とばした目を編む

3

✕ 右上1目交差…1目1目の交差編み
　　　　　　右の目が上になるように編む

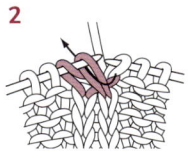

1 後ろを通って1目とばして次の目に針を入れて編む

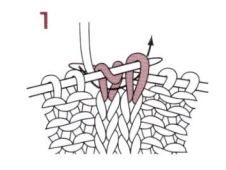

2 とばした目を編む

3

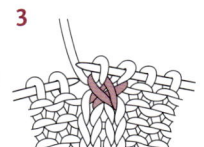

✕ 右上2目交差…右の2目が上になるように交差させて編む

1 ③④の目を別針に移して手前に置き、①②の目を編む

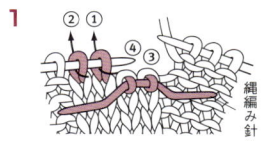

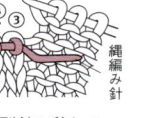

2 ③④の目を編む

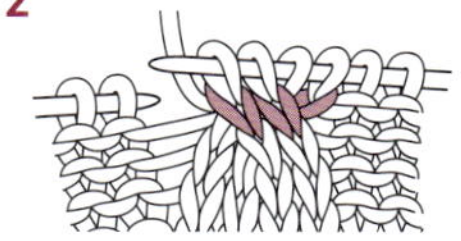

✦ 巻き増し目

右側

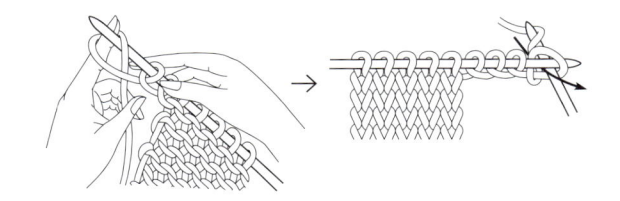

左側

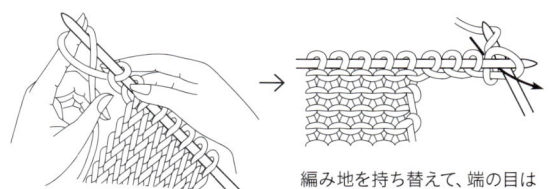

編み地を持ち替えて、端の目は裏編みできないので表編みをして、次の目から裏編みをする

✦ ねじり増し目

1 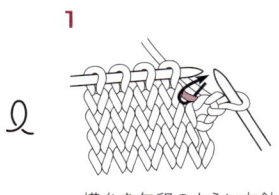 横糸を矢印のように右針ですくって左針にかける

2 矢印のように右針を入れ、表編みを編む

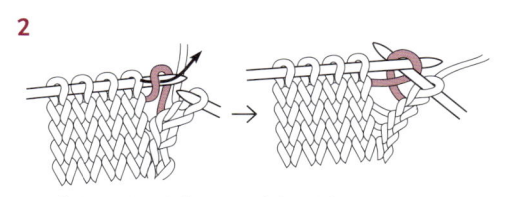

3

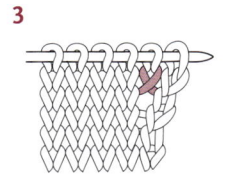

1  横糸を左針で矢印のようにすくう

2 矢印のように右針を入れ、表編みを編む

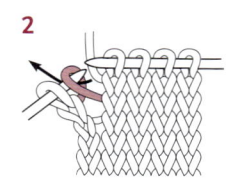

3

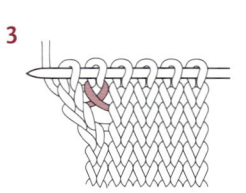

✚ 止め方

[伏止め(表目)]

1 端の2目を表編みし、1目を2目めにかぶせる

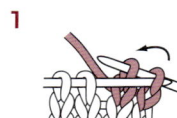

2 表編みし、かぶせることを繰り返す

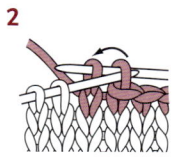

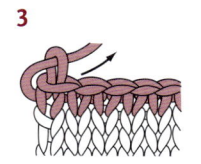

3 最後の目は、引き抜いて糸を締める

[伏止め(裏目)]

1 端の2目を裏編みし、1目を2目めにかぶせる

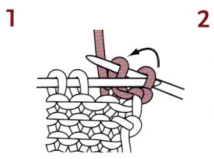

2 裏編みし、かぶせることを繰り返す

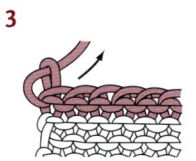

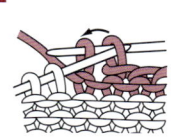

3 最後の目は、引き抜いて糸を締める

[引抜き止め]

…かぎ針を使った止め方で、止めた目の状態は伏止めと同じ

1

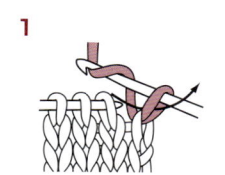

2

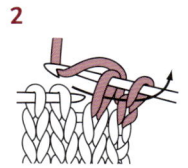

3

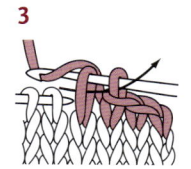

4 引き締める

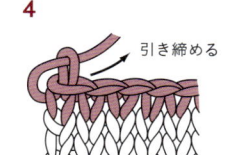

[巻止め]

1 端の2目に図のように針を入れる

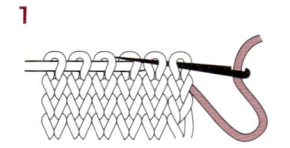

2 戻って、1の目と3の目に針を入れる

3 戻って、2の目と4の目に針を入れる

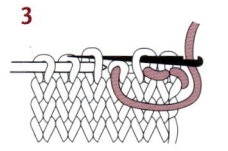

4 最後は図のように針を入れる

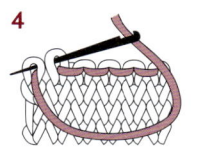

5 出来上り(裏)

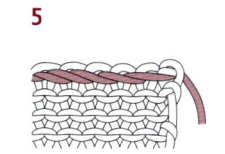

✚ はぎ方

[メリヤスはぎ]

1 下の端の目から糸を出し、上の端の目に針を入れる

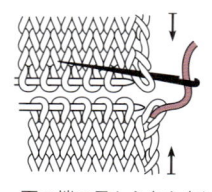

2 下の端の目に戻り、図のように針を入れる

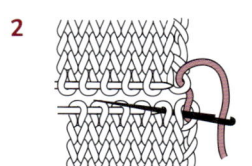

3 図のように上の端の目と次の目に針を入れ、さらに矢印のように続ける

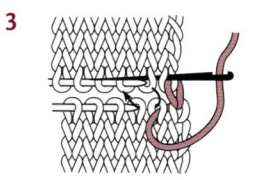

4 2、3を繰り返し、最後の目に針を入れて抜く。半目ずれる

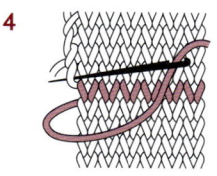

[裏メリヤスはぎ]

1 下の端の目の向う側へ糸を出し、上の端の目に針を入れ、矢印のように続ける

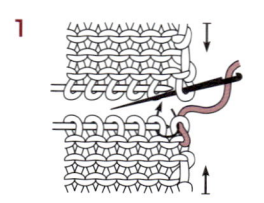

2 上の端の目に戻り、図のように針を入れ、矢印のように続ける

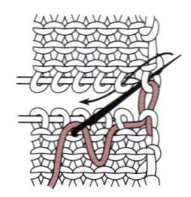

3 2、3を繰り返す

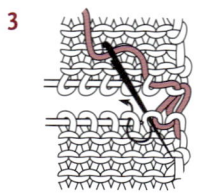

4 最後の目に針を入れて抜く

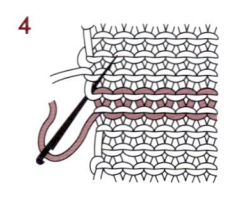

[引抜きはぎ]

1　2 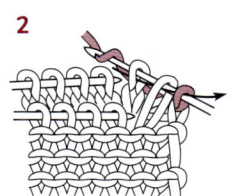　3

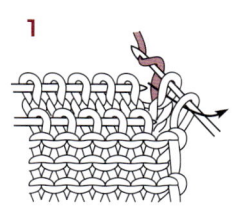

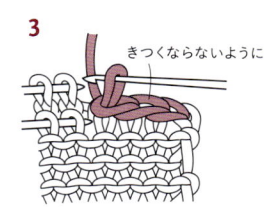

きつくならないように

[段と目のはぎ]

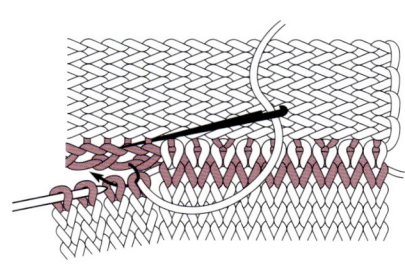

◆とじ方

[メリヤス編みのすくいとじ]

1
作り目の残り糸

2

3

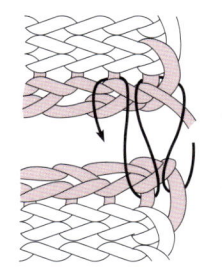

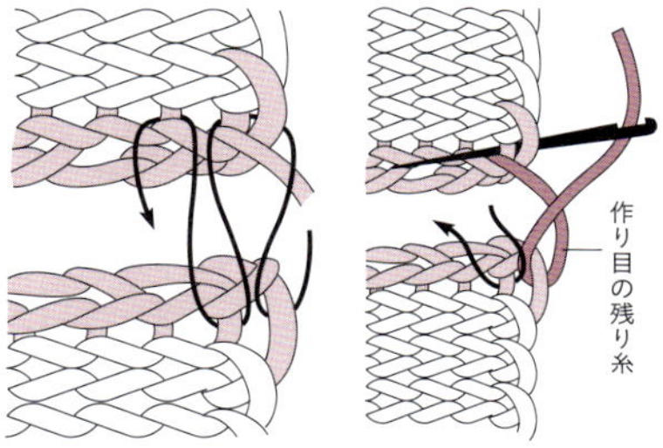

作り目したときの残り糸をとじ糸にして、下の作り目の横糸をすくい、上は作り目と1段めの横糸に針を入れる

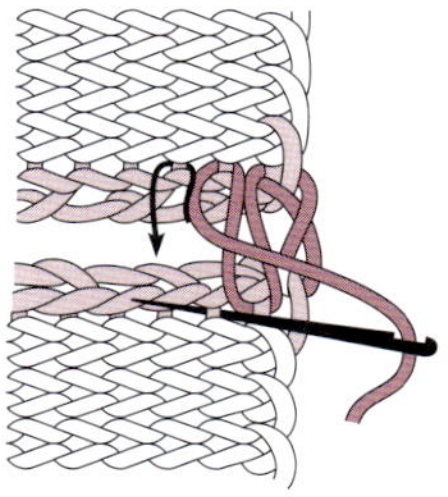

端の目と2目めの横糸を1段(1本)ずつ交互にすくっていく

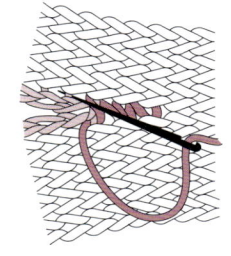

とじ糸は1段ずつ引き締めていくと、きれいに仕上がる

[裏メリヤス編み]

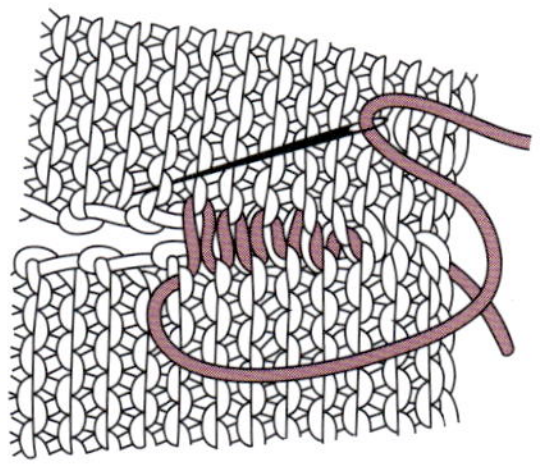

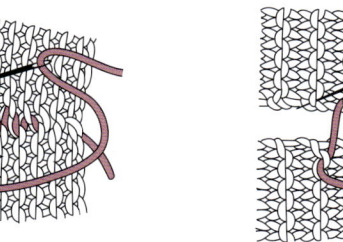

1目内側の横の糸を1段ずつ拾う

[ガーター編み]

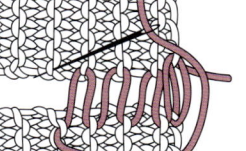

横の凸部分がつながるようにとじる

[半目とじ]

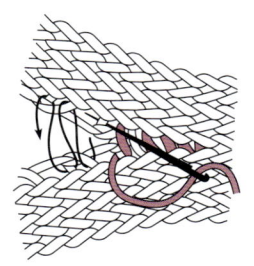

半目のとじ代で薄く仕上がる

[引抜きとじ]

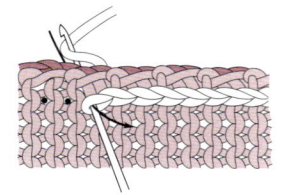

直線部分は端の目と2目めの間を1段ずつ引き抜いてとじる

[返し縫いとじ]

1

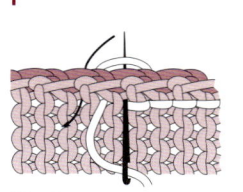

端の目と2目めの間に針を入れ、1段とばして針を出す

2

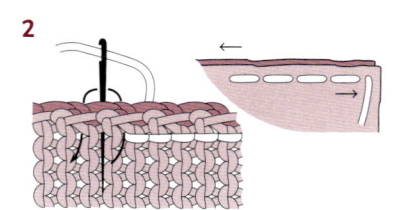

1段戻って針を入れ、1段とばして針を出す。これを繰り返す。曲線の場合も同じ要領でとじる

93

基本のテクニック ✢ かぎ針編み

✢ **編み目記号と編み方**

○ 鎖編み

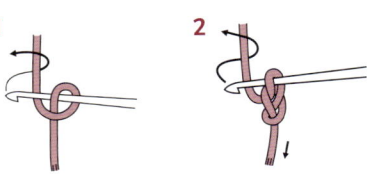

1
2 糸端を引いて目を引き締め、矢印のように糸をかける
3 1目め 最初の目
4 3目 必要な目数を編んで作り目にする。最初の目は太い糸や特別なとき以外は目数に数えない

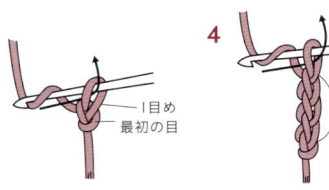

✕ 細編み…鎖1目で立ち上がって編む。立上りの1目は目数に数えない

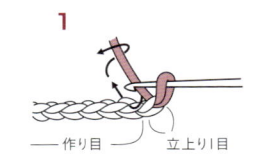

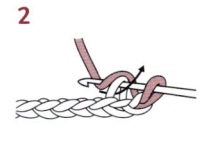

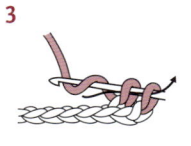

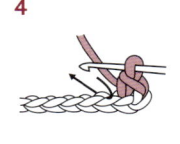

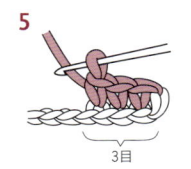

1 作り目 立上り1目
2
3
4
5 3目

┬ 中長編み…鎖2目で立ち上がって編む。立上りは目数に数える

1 作り目 立上り2目
2
3
4
5 4目

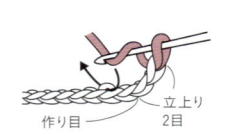

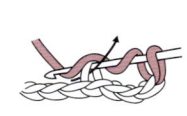

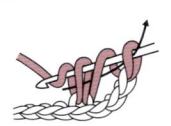

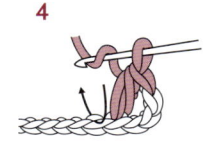

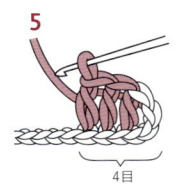

┬ 長編み…鎖3目で立ち上がって編む。立上りは目数に数える

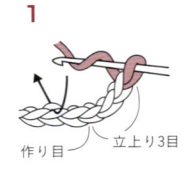

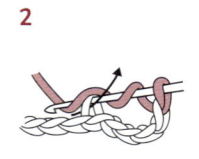

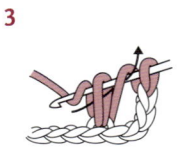

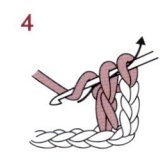

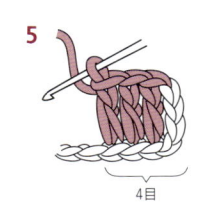

1 作り目 立上り3目
2
3
4
5 4目

● 引抜き編み

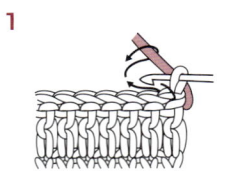

1 糸を向う側に置き、編終りの目に針を入れる
2 針に糸をかけ、一度に引き抜く
3
4

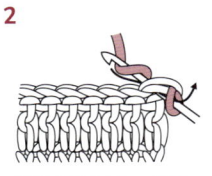

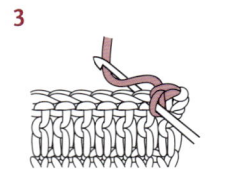

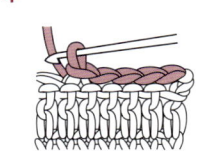

✢ **ポンポンの作り方**

厚紙 → 中央を結ぶ／カットする → 整える

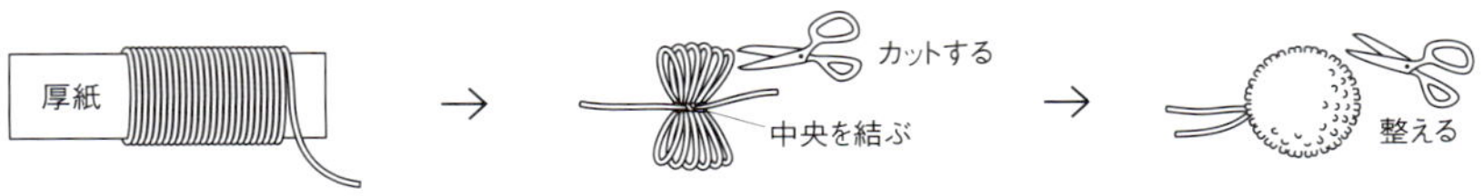

●この本で使用した毛糸	太さ	素材	単位	長さ	棒針	ゲージ(10cm四方)
クイーンアニー	並太	ウール100％	50g	97m	6～7号	19～20目 27～28段
ブリティッシュエロイカ	極太	ウール100％（英国羊毛50％以上使用）	50g	83m	8～10号	15～16目 21～22段
ソフトドネガル	並太	ウール100％	40g	75m	8～10号	15～16目 23～24段
シェットランド	並太	ウール100％（英国羊毛100％使用）	40g	90m	5～7号	21～22目 29～30段
ミニスポーツ	極太	ウール100％	50g	72m	8～10号	16～17目 21～22段
キッドモヘアファイン	極細	モヘヤ79％（スーパーキッドモヘヤ使用）、ナイロン21％	25g	225m	1～3号	27～28目 39～40段
アルベロ	極太	ウール50％、アクリル40％、アルパカ10％	50g	85m	10～12号	14～15目 19～20段
ブリティッシュファイン	中細	ウール100％	25g	116m	3～5号	25～26目 33～34段
ポットナート	並太	ウール100％	40g	94m	7～9号	17～18目 24～25段

サイチカ

ニット作家。1991年、文化服装学院産業ニットデザイン科
(現ニットデザイン科)卒業。アパレルメーカー勤務後、独立。
現在は不定期にテーマを決めて個展を開くほか、
舞台、広告などの衣装制作、また雑誌や書籍に作品を発表している。

ブックデザイン　縄田智子　L'espace
撮影　三木麻奈
スタイリング　田中美和子
ヘア＆メークアップ　宮本佳和
モデル　inori　Kanoko

デジタルトレース　しかのるーむ
校閲　向井雅子
編集　志村八重子
　　　宮﨑由紀子（文化出版局）

製作協力　田澤育子　徳永ほづみ

この本で使用した素材は(株)ダイドーフォワード　パピーが輸入、発売元です。
糸のお問合せは下記へご連絡ください。
〒101-8619　東京都千代田区外神田3-1-16　ダイドーリミテッドビル3F
Tel.03-3257-7135　http://www.puppyarn.com/
＊糸はメーカー側の都合で廃色になることがあります。ご了承ください。

●協力
ACTUS　Tel.03-5269-3207
alpha PR　Tel.03-5413-3546
Lea mills agency　Tel.03-3473-7007
MARVIN&SONS　Tel.03-6379-1936
nookSTORE　Tel.03-6416-1044
OLDMAN'S TAILOR　Tel.0555-22-8040

編むのがたのしい、ニット

2015年9月27日　第1刷発行
2024年7月22日　第3刷発行
著　者　サイチカ
発行者　清木孝悦
発行所　学校法人文化学園　文化出版局
　　　　〒151-8524　東京都渋谷区代々木3-22-1
　　　　Tel.03-3299-2460（編集）03-3299-2540（営業）
印刷・製本所　株式会社文化カラー印刷

©Saichika 2015　Printed in Japan
本書の写真、カット及び内容の無断転載を禁じます。

・本書のコピー、スキャン、デジタル化等の無断複製は著作権法上での例外を除き禁じられています。
　本書を代行業者等の第三者に依頼してスキャンやデジタル化することは、
　たとえ個人や家庭内での利用でも著作権法違反になります。
・本書で紹介した作品の全部または一部を商品化、複製頒布、及びコンクールなどの応募作品として
　出品することは禁じられています。
・撮影状況や印刷により、作品の色は実物と多少異なる場合があります。ご了承ください。

文化出版局のホームページ　http://books.bunka.ac.jp/